让知识成为每个人的力量

李翔/著

新星出版社　NEW STAR PRESS

回到采访

在离开记者这个行业将近 5 年之后，我决定重新开始做采访，并且发表出来。之所以这么做，是出于下面两个理由。

第一个理由，是它本身所具有的知识积累的价值。

我非常喜欢西方历史学之父希罗多德在巨著《历史》的开头写的第一句话：

> 以下所展示的，乃是哈利卡纳苏斯人希罗多德调查研究的成果。其所以要发表这些研究成果，是为了保存人类过去的所作所为，使之不至于随时光流逝而被人淡忘，为了使希腊人和异族人的那些值得赞叹的丰功伟绩不致失去其应有的荣光，特别是为了把他们相互争斗的原因记载下来。

这句话揭示了采访的价值所在。采访、记录和研究的目的是对抗遗忘，让后来的人可以真正做到站在前人的肩膀上前行，而不至于陷入不断重蹈覆辙或者不断重新发明轮子的怪圈中。

采访、记录和研究的对象，既包括"那些值得赞叹的丰功伟绩"——我们之中那些优秀的创造者们，不断在用自己的聪明才智创造出一些让我们所有人都变得更好的产品、服务和组织；也包括失败和争斗——即使是我们之中那些最优秀的人，也难免会犯下错误，这些错误其实都是在为作为一个整体的我们试错，都值得被记录。

这件事情在今天尤其值得做，因为今天做这种采访、记录和研究的人正在减少。这里面当然有很多原因，包括传统的严肃媒体的衰落；包括因为社交网络的发达，受访者的只言片语越来越容易被拿出来放大，这让他们越来越小心谨慎；包括各种碎片化或娱乐化的内容已经挤占了人们越来越多的时间，以及内容生产者们越来越倾向于认为，受众就是喜欢碎片化和娱乐化的内容。

但是所有这些原因都没有改变希罗多德指出的采访、记录和研究的价值——它是我们的知识积累的一部分。

尤其是那些一手的采访，可以让其他行动者受到启发，获得激励，或者哪怕仅仅知道自己并不孤独；也可以成为其他人研究或者评论的基础——至少可以通过一手的采访知道当事者究竟是如何想的，哪怕你认为他想的并没有道理。

第二个理由，是我还挺高兴做这件事情的。

每个人眼中世界上最好的工作都不一样。对于我而言，最好的工作就是可以见到那些我喜欢的创造者们，听他们分享自己的成就、经验、方法和挫败。为了避免显得自吹自擂，这个理由就说到这儿吧。

拿到这套小册子，你会看到什么？

首先，当然是第一手的长篇访谈。我会努力找到我能找到的、我欣赏和尊重的、最优秀的商业实践者和价值创造者，向他提问，请他分享他的实践经验、做事情的方法，包括经历过的挫败和收获。

我自己觉得它们一定会对你有所启发。而且，我还抱有一种雄心，就是希望它们在十年甚至几十年后，仍然能够激发读到的人。

其次，如果你愿意跟随这趟旅行，我相信你能看到一幅逐渐在你眼前展开的画卷。它不是静止的、一次性的，而是动态的、发展的。因为在我的设想中，我希望能够跟访谈的对象保持一个长期的、以十年甚至数十年为单位的沟通，把他们的想法和实践动态地、周期性地呈现出来。你看到的会是一部正在发展的、以人为单位的价值创造史，里面会有成就和经验，也会有矛盾和变化——毕竟世界本身就是不断变化的，它要求实践者做好准备随时推翻自己。

最后，因为这件事情要持续做下去还挺难的，所以我想用意大利著名记者法拉奇的一句话做一下自我鼓励：

我说我每进行一次采访都花了心血，这并不言过其实。我要花费很大的劲才能说服自己：去吧，没有必要成为希罗多德，你至少能带回一块对拼组镶嵌图案有用的小石头，和对人们思考问题有用的情况。要是错了，也没有关系。

最后的最后，希望这些文字真的对你思考问题有用，并让你得到激发，去进行自己的创造。

李翔

2020 年 10 月 20 日

创业和产品

赵鹏是谁

赵鹏是一名创业者。2013 年年底，43 岁的赵鹏开始在招聘领域创业，第二年，BOSS 直聘上线。

2021 年 3 月，BOSS 直聘的月度活跃用户数达到 3060 万，以这个数字来衡量，它已经成为中国最大的互联网招聘平台，领先于这个行业的两家前辈公司——成立于 1994 年的智联招聘和成立于 1998 年的前程无忧 [①]。

与此前的互联网招聘产品相比，BOSS 直聘有诸多不同。

首先，它是名副其实的"移动互联网下的蛋"。移动互联网不但改变了已有用户的网络接入方式和使用习惯，还让更多人可以更便捷地接入网络。这个巨大的迭代，成就了一批科技公司和科技产品，比如微信、美团外卖、滴滴出行和拼多多。

赵鹏在 2013 年开始创业时，他的投资人就提醒他，移动为先，移动就是一切。因此，BOSS 直聘这款产品在 2014 年上线时，只有移动端的应用，而没有网页版。从一开始，它就是

[①] 澎湃新闻引用 QuestMobile 的数据，同期智联招聘、前程无忧的月活用户数分别为 1600 万和 1500 万。

为移动互联网用户设计的产品。

其次，BOSS直聘在进行技术路线选择时，舍弃了之前的互联网招聘公司推崇的职位搜索，坚定地选择了智能匹配——这也是移动互联网时代最成功的公司之一字节跳动的产品"今日头条"和"抖音"选用的技术路线。

这两种路线的区别在于，搜索除了需要用户采取主动之外，还会导致强者愈强的效应，而智能匹配在内容分发上更多的是在做匹配：人和信息的匹配，人和商品的匹配，以及BOSS直聘所做的求职者和招聘者的匹配。

另一个不同之处直接体现在BOSS直聘那句广告语上：找工作我要跟老板谈。赵鹏巧妙地为互联网招聘引入了一个场景：求职者和招聘者的直接沟通。从这个产品上线开始，他就在反复说，这才是真实生活中的招聘场景——一个创业公司的CEO（首席执行官）或者一个大公司的部门主管，直接去招人，而不是只能经过一层一层筛选拿到简历，才跟求职者产生交集。

除了产品形态、模式和技术路线不同之外，BOSS直聘的盈利模式也不同。

互联网领域曾经流行一句口头禅：羊毛出在猪身上。对这句话最简单粗暴的解释是，你可以通过免费提供服务来获取用户，然后通过其他方式赚钱。比如，用户使用微信和抖音是免费的，代价就是免不了要刷到广告。而它的弊端，用互联网领域的另一句俏皮话来说，就是"如果你发现一个产品是免费的，那么其实你才是产品"。比如你的使用习惯和用户数据，对于平台来说，就是它提供给广告商的产品。互联网招聘网站也不例外。

但是赵鹏拒绝通过广告的方式盈利。他希望 BOSS 直聘的利润来自用户付费。他的逻辑很简单：如果你能够为用户提供足够好的服务，比如你能够为公司提供足够好的招聘服务，那么用户是愿意为你的服务付费的。用他的话说，"你有价值，这个世界就会打赏你"。

创业 7 年之后，BOSS 直聘在 2021 年 5 月 22 日向美国证监会递交了招股书，并于 6 月 11 日在纳斯达克上市。

所以，你可能会认为这是一个大器晚成的人物。

在互联网领域，43 岁创业，51 岁把公司送上市，是一种别样的励志。毕竟，当赵鹏开始在这个领域创业时，他的同路者已经是王兴、张一鸣、程维、黄峥这些 1980 年前后出生的人。

腾讯 CEO、1971 年出生的马化腾，甚至在 2014 年年初感慨说："我越来越看不懂年轻人的喜好，这是最大的担忧。虽然我们干这行，却不理解以后互联网主流用户的使用习惯是什么。""你什么错都没有，就错在太老了。"

不过，如果翻看赵鹏的履历，你会发现，某种程度上他其实是少年得志。

18 岁，他以山西省文科高考第三名的成绩考入北京大学法律系。毕业之后他进入机关工作，在 29 岁成为处级干部。其间，他参与和发起了延续至今的"大学生志愿服务西部计划"。

35 岁，赵鹏决定离开"体制内"。他加入了一家互联网招聘公司——智联招聘。这段职业生涯写成简历中的一行，在今天仍然会让人觉得不可思议：他用了 5 年时间，从公关经理开始，几乎做过公司除了财务和技术之外的所有岗位，直到最后成为公司的 CEO。

离开智联招聘后，他做过团购网站千品网的 CEO。这家公司诞生于团购这种商业模式大行其道之时，参与过热闹的"千团大战"。

因此，创办 BOSS 直聘之前，赵鹏已经是一位经验丰富的管理者。这或许能解释为什么他在开始创业时能够赢得资深投资人的信任，让他在没有商业计划书的情况下，就可以拿到 300 万美元的天使投资。

2020 年 12 月，因为腾讯投资的一次拍摄，我在 BOSS 直聘办公室第一次见到赵鹏。不过，在此之前，我们办公室很多有招聘需求的同事都已经是 BOSS 直聘的用户。

BOSS 直聘的办公室在北京太阳宫的一座写字楼里。办公室大堂的一面墙上挂着真实的元素周期表——一个个透明的小方格，每个里面放着一块真实的元素实体——其中不乏幽默的成分，比如在铂金的一格，就放了一名算法研究员贡献出的首饰；而在锂的那一格，则放了一款手机。在自己公司招人，包括 BOSS 直聘在做招聘者和求职者的推荐匹配时，赵鹏一直强调，不要去看表面的经验，而要看一个人本质的禀赋和能力。元素周期表或许就是为了表现这一点。

他的办公区同时布置着书法字画和漫威人物手办，比如一个半人高的灭霸模型。谈话中间，他喜欢引用中国历史上的人物事迹来佐证自己的观点，同时他也喜欢引用《三体》[①]，喜欢谈论漫威电影中的宇宙原石是否存在物理上的合理性，当然，他还请了《神奇女侠》[②]的女主角盖尔·加朵（Gal Gadot）来拍摄 BOSS 直聘的广告。

2021 年 3 月，我们又进行了两次长谈。赵鹏非常详尽地分享了他这一次创业的过程，坦诚到令人感动。从早期用户增长的节奏和方法，到或者异常顺利或者异常波折的融资过程；从让用户翻倍的世界杯营销，到 App（应用程序）在苹果商店被人黑掉并删除的惊魂，再到他念叨自己会一直背在身上的安全责任；从对招聘行业各种商业模式的剖析和对行业弊端的痛心，到他认为应该给世界提供什么样的价值，应该通过哪种方式实现盈利；从组织如何保持创新活力的方法论，到自己公司管理的实践……

---

① 刘慈欣所著的科幻小说。
② 美国华纳兄弟娱乐公司出品的奇幻动作片。

打开这本小册子，你能看到一个成熟创业者的经历和思考，看到他的方法论和价值观，看到他如何创造出有价值的产品和服务，中间又经历了怎样的挣扎。他说，他的动力在于要做一件正事。希望你能和我一样得到启发和激励。

创业和产品

2013 年，43 岁的赵鹏开始在招聘领域创业。在这一部分，你将看到他如何确定自己的赛道，如何实现公司的从 0 到 1，如何选择产品和技术路线，以及如何谨慎地进行试错和迭代。

千团大战体面撤退

李翔：我想从头开始聊，2013年你开始创业的时候，你的动机是什么，比较严肃的动机？

赵鹏：想办上一件正事。

李翔：你开始有这个想法，想要自己出来做，具体是在什么时间？

赵鹏：我有想法出来做，大体是在2013年的4月份。当时想明白了一件事，千品网^①这样一个网站遇到两个困境，一，它是一个服务电商，它的SKU（单品）足够多，但是分发不下去，唯一的分发方法是location-based（基于地理位置），基于手机去分发，但是我们没有燃料。

李翔：没有燃料？

赵鹏：千团大战打了两年多，钱花光了。钱花光了还是其次，斗志也花得差不多了。这个网站是2011年8月份上线的，

———————————

① 赵鹏当时是团购网站千品网的CEO。

跟第一代团购网站相比整整晚了一年五个月。在这个情况下，与人家酣战至 2013 年的 4 月份，基本上团队的气概，包括账上的银子，都有点强弩之末了。

当时，2013 年 4 月份的时候，我们一天三万个 SKU 在线。SKU 多，好处是能满足不同人的需求，但问题是完全不符合"一日一团"的爆品策略，走了另外一条路。这条路的困难在于完全分发不下去，用瀑布流是分发不掉的，用搜索引擎也分发不掉，只能基于地理位置，把人群分堆之后再做分发，今天讲，就是要去匹配。但是我们没有劲儿了，一鼓作气，再而衰，三而竭，当时整个团队的疲态已经出现了。我们确实做了 mobile（移动化），确实做了 App，但是自己知道再也撑不下去了，这是第一个困境。

第二个困境是，感觉这确实是一个生意，也确实有路可走，但好像不是那个愿意放十年进去的事。

李翔： 就是团购这个事？

赵鹏： 对，团购不是我的菜。所以第一是事情到这一步了，第二归根到底是自己的心态有变化。所以从 4 月份开始就跟投资人协商，在没有商家质疑、没有消费者投诉的情况下，体面地把这个站关掉。运作了五个月，这五个月就是把队伍做小，把交易规模做低，然后统计用户在这个地方存的钱，多到一百，小到五块，最后有八百多万人家不来要的钱，就是几块几块的这种钱，一个一个联系退掉。然后把沙发卖掉，把电脑卖掉，搬家，员工遣散，留守队员补偿 N+3 个月工资，收尾，最终在 8 月中旬的时候结束。要留一份体面，以后还要见人，所以花了四个半月撤退。这就是那个时候的心态。一边撤退要体面，因为以后还要见人，另一边，人都有两个人格，除了自然人格还有一个做事的人格，所以当时天天都在想，要干一件正事。

李翔：但你怎么进入这个领域的？因为它很火吗？

赵鹏：2010 年、2011 年的时候，应该是地产行业又经历了一波动荡①，所以有大量资金和财产积累的某地产公司，希望能够进行多元化发展，就拿了一笔钱做了一个孵化器。我是这个孵化器的管理者，也是这个孵化器的小股东。做孵化器的过程当中，大家想得比较简单，就是干票大的，当时觉得生活电商这个事是有意思的。

李翔：所以你当时是作为孵化器投了千品网这个网站，投着投着自己就搁进去了，是这个过程吗？

赵鹏：是。开始时请了一个负责产研的同学作为孵化器的 VP（副总裁）带这个项目，弄着弄着自己就裹进去了，最后自

①　2010 年是中国房地产市场的调控年，政府出台了三轮对房地产市场的调控政策，包括限贷和限购政策，与此同时，央行进行了两轮加息，国资委要求 78 家央企退出地产业务。

己孵化器不弄了，就去做这个项目了。

李翔： 你在千品网扮演的角色是什么？

赵鹏： CEO，销售管理者，市场管理者，产研协调者，投资人，董事长，总裁。

李翔： 全干了？

赵鹏： 嗯，从2011年3月26日决定做这个项目，到2013年中秋节，应该是9月份，正式宣布终止，两年半的时间。

李翔： 千团大战的时候，你有管理线下，地推啊，运营啊……

赵鹏： 这些都要做的，千团大战我是亲历者，窝窝团、拉手、美团，后来的大众点评，还有满座网，这都是要针锋相对干的。

李翔： 我好奇的是你有这方面的知识积累吗？就是管理线下团队。对于团购网站而言，这些还是蛮重要的。

赵鹏： 把单子签回来就好了。走精品、爆品路线的是有补贴的，当时最爆的爆品是电影票，一块钱看电影，本质上是用来引流的，引流回来以后再卖别的。当然当时所有团购网站全遇到了这个问题：一爆全都有，不爆全没有，留不下流量。用户只对价格敏感，对平台没有忠诚度，所以是典型的"剩"者为王。我们没有钱补贴，所以只能走多 SKU 路线，用丰富度来满足用户。然而就遇到一个问题：瀑布流式的传统团购网站的形式，再加一点点分类搜索的模式，并不能将这些 SKU 分下去。

李翔：就是相当于分发有问题。

赵鹏：唯一的方法当时认为就是要做 LBS[①]，这是 2013 年初的一个决定。

李翔：当时做 LBS 的困难在什么地方，技术吗？

赵鹏：我觉得团队的气势不在了，你想千团大战那种拼法，再加上我们也确实没钱了，用在一个项目上的预算是有限的。

李翔：这个项目的主要投资人就是你们这个孵化器？

赵鹏：孵化器是这个项目的全资，给员工 16% 的股份。

李翔：为什么不出去融资呢？

赵鹏：当时也不明白资本运作的很多规律，来看我们、想投的人真的有，看完之后发现，本质上他是要跟一个地产集团做一个 joint venture（合资企业），这里面真正在拼的、真正在

---

① Location-Based Services，指的是基于用户的地理位置来提供匹配的服务，这在手机和移动互联网出现之后变得可能，曾经在硅谷和大陆创业领域都非常火爆。

做事的人，全都是拿一点点期权的职业经理人，人家觉得投得不安全。

真正决定认认真真投一把的是当时的阿里。当时是阿里的一个合伙人跟我们谈，都谈得七七八八了，2013年，突然发生了一个结构性的变化，原来阿里做本地电商的那帮哥们儿全都不做了，原来的老板也不管了，具体的人也全都换了新人。只能重新谈，但基本上也来不及了。一边谈，我就算了一下胜算，跟我们孵化器的投资人讲，我说这次胜算不大了，再花钱就是往里扔钱了。因为咱们这个结构，标准意义上其他投资人是不认的。当时我跟集团的CFO（首席财务官）一起见了有几十家机构，各种各样的，真正喜欢我们的人会觉得，你这个结构不行，管理团队不是股东，在这个阶段，管理团队应该是大股东。但是我们有什么理由让我们孵化器的投资人花了这么多钱，从0到1孵化这个机构，最后要变成小股东呢？从其他投资人的角度来讲，这个结构很难成立。虽然团队可以用事实证明，由职业经理人管理，当时在北京仍然可以干到GMV（交易总额）的前三，但是我们没有办法说服所有人我们可以持续这样干。所以融资这件事情基本是不可能的了。

阿里撤了以后，我们就在想，人家有重大的质疑，却又愿意投，应该不是为了支持这家公司发展这么简单，可能其实是给阿里本地电商买一拨SKU。3万个SKU是值钱的，是一个一个BD（商务拓展）回来的，商家的合作也是值钱的。当时最不希望千品网关掉的有两家，一家是团800①，团800来找我们谈，我记得特清楚，他说你可千万要坚持住，你的SKU占我的大部分啊。因为2013年第三季度的时候，千团大战已经到了尾声了，已经没有那么多团购网站了，所以我们的SKU已经占团800总SKU超过50%了，我们那时候SKU比美团大。另外一家不希望我们关掉的是淘宝本地电商，它的SKU是靠我们支撑的，因为它本身没有发展团购，想做平台策略。这两家是最不希望我们关掉的，因为你支撑它的基本业态。这些事好久没有回忆过了。

我们坐下来谈，这件事再往前走胜算不大，烧钱是必然的，建议可以收掉了。收掉的话怎么收，我说叫体面地收，大家以后还要做人，不能有一个用户、一个商家说千品网的问题。

李翔：这个体面地收，当时而言就是对用户和商家的退款等问题？

赵鹏：用户、商家要高兴，集团、公司要理解，投资人要理解，员工要体面地离开，在简历中不用不好意思写千品网。我有一个群叫千品同学会，到现在都存在。大家觉得当时还是比较体面的。

---

① 当时的一家主流团购导航网站。

进攻难，撤退更难，当时花了四个半月体面地撤退。最后集团也有面子，也高兴，商家的钱也都还了，用户的钱也都还了，沙发也卖了，桌子也卖了，电脑也折价卖了，留守团队也拿了 N+3 走了。我们当时大概 8 到 15 个点的毛利，把运转中的 GMV 变小的过程，其实是一个毛利涨的过程。缩小之后，用赚的钱解决了所有这些问题，没有再花过集团一分钱。客服团队留了 20 个人，用来处理万一哪一个商家或者哪一个用户确实没联系上，人家来找我们的问题。客服团队的老板姓刘，刘老板带着 20 个人，说我来断后，但有一个条件，这些人留守至"十一"结束，然后 N+3 解决问题。那好，有人断后，你还得做事，就可以先撤了。

李翔：那四个半月你在收摊儿的时候是什么心情？沉重吗？应该挺丧吧？

赵鹏：我不丧，我是一个乐观主义者，我用《三国演义》中的一段故事激励自己。那时候经常用一段故事给团队灌鸡汤，孔明某次出祁山，出而不利，子龙断后。回来之后孔明说，赏金若干，赏蜀锦若干匹。问为什么，他说，没有丢一枪一旗，没有折一兵一卒，子龙真将军也。就是说撤退是很难的。我用这段故事激励我们团队，进攻难，体体面面地撤退更难。什么叫体面？以后作为一个自然人要见人，作为一个做事的人要做事，两项都顾住了，就叫体面。咱们撤退的时候要像个正规军的样子。

李翔：做出撤退这个决定之后，你是要告诉所有人的？

赵鹏：当然。

李翔：这个公司里面所有的人？

赵鹏：我们有二十几个分公司，你要跟总经理谈清楚，任务该派的派。比如这个星期的任务是把历史上缺的合同都找到，将来要有法可依。中秋节前一天管理会的任务是三周之内，你的员工要有一半人有下一个offer（录用通知书），这是你的KPI（关键绩效指标），你要负责，求爷爷告奶奶，内推，什么办法都可以，到时候拿这个回来交账。现在里面很多人都在别的公司做高管，创业的有，一拨去了美团，一拨去了阿里。

李翔：都是不错的公司。

赵鹏：队伍还不错。我们现在的产品负责人张磊就是那个时候的移动产品负责人。

李翔：他是跟着你过来一起创业的吗？

赵鹏：我们准备撤的时候产品已经没活儿了，所以他提前就撤了，去一个互联网金融公司，我们又准备"干革命"的时候回来的。

300 万美元的天使投资

李翔：像你一开始讲要干点正事，什么标准才符合你说的正事？

赵鹏：想干点正事其实是一种别白活着的感觉吧。一个四十多岁的人，心里会有这种感觉，但又不想失败，所以难免就做熟不做生。反向又去想，人要吃饭，劳动者得其食，这个事情确实重要。所以既有做熟不做生，有利于提高胜算的考虑，也有认可这件事本来的价值足够大的考虑。其实是从结果反过来说，这是一件正事。如果让我抽象地说什么是正事，大概就是，与越多的人有关的、越重要的事，就是正事。

李翔：本地生活完美符合呀。（笑）

赵鹏：帮别人花钱的事没有帮别人赚钱的事重要，我是真心这么看。敝帚自珍，我觉得比起我们这个事（指 BOSS 直聘），简直没有再重要的事了。人一辈子要办一件正事，第一这个事要确实是一个正事，第二你得办成啊，所以就落到这件事情上了。

李翔： 你们筹划退出的四个半月中，已经在筹划新的事情了吗？还是说当时也没想别的？

赵鹏： 当时我真的没有太多筹划，但是做熟不做生、上班吃饭，这是大事、正事，肯定念头里是有的。在我们家（指其公司）有一句黑话来形容考虑的过程，叫低温运行，就是有一件事情其实没有想清楚，但也不是说你封闭三天脑暴一下就能想清楚的，需要慢慢让它长出来，这个过程我们叫作"低温运行"。这是我跟我们团队形成的黑话，会说低温运行一段。

当时在新的事情上，属于小半年的时间都在低温运行。但是说实话，运行来运行去，大概指向也是这样，就是去做一件胜算高的事，且这件事确实重要，心里面认可。所以没有说拿一个 SWOT（企业战略分析模型）去捋一捋，弄个 BP（商业计划书）什么的，都没有，慢慢慢慢就浮出水面了。

我在 2011 年还是 2010 年的时候，认识了策源创投的元野。元野 2013 年的 8 月份说吃饭，然后跟我说，平时交流中也知道你这个事情准备收了，招聘领域应该还有得做。我说我也是这么看。他说，你要做的话，千万记住，这个年代 mobile 就是一切，你不理解它没关系，正如坐公共汽车的老农民，第一次坐车去县城，他不一定理解公共汽车的火花塞、化油器是什么，但是坐上了，就是比走着快。反正千万记住，mobile 就是一切，你若有意的话，咱们再进一步交流。实际上，是这个人把我的低温运行给打着了。

李翔：相当于给激活了。

赵鹏：不是我去找的人家，是人家来鼓励的我，把我狠狠鼓励了一番。等我说我这个事想得有点明白了，准备弄，都已经到10月初了。2013年10月8日那一天，老元就叫上他当时的合伙人冯波，我们在四季酒店吃了一个饭。大概意思就是说，这个方向你就弄吧。给我几百万美元作为天使投资。当时人家的原话是，你得弄成，你创业成本很高，你年龄有点大了，所以给你一个硅谷天使投资的待遇，启动资金的话，300万美金投资，加420万美金可转债，共720万美元。他说你可以做得慢一点，别慌，做成了就行。没几天就把钱打给我了。这是一次传说中的融资。

李翔：你没有做BP？

赵鹏：什么也没有。

李翔：你当时怎么跟人家讲这个事情的？

赵鹏：我大概就是说招聘这个事情有得做，今天的用户跟招聘者、跟企业都有若干不满意、不解渴的地方。同时，这个行业辛辛苦苦的，却不挣钱。如此重要、如此千家万户的行业，用户不是很满意，行业不是很挣钱，这里面一定有"鬼"，把"鬼"提出来。就是讲了这么一个sense（感觉）。另外就是说，我这个船长能开多远我不敢保证，但把船开翻的概率很低。因为我是一个老船长，什么水都见过了。

我大概是这个表达。人家的表达就是，你要有胜算，你别着急，钱多一点，慢慢烧，给你可用额度720万美金。没过几天就白纸黑字写好了。所以我就无缝地出来干这个事了。

李翔：当时你意识到了招聘行业的问题，但是也没有拿出解决方案，是吧？

赵鹏：我没有解决方案。

李翔：而且你刚才的表达里也没有提到任何跟移动相关的事情。

赵鹏：移动是别人跟我说 mobile first（移动优先），mobile 就是一切，这是受了别人的启发。

李翔：你做团购网站的时候不是已经开始移动化了吗，包括你刚才讲 LBS？

赵鹏：我在做团购的时候深刻感受到了没资源去做移动的痛苦。我们已经弄了一个 App，但是推广预算仅仅 10 万元。它还承载了好多东西，比如闪惠，就是团购的套餐如果不能满足用户需求，就用折扣券的方法，不是单对某个套餐，而是全店可用的折扣。这是今天团购网站的标准做法。同时我们还胆大妄为地承载了外卖体系。

李翔：想的都是对的，主意都很好。

赵鹏：主意是正的。所以抓点规律、抓点本质的能力我们还是具备的。你知道大概是这个方向，但是知道不能再做下去了。所以移动是认真思考过的。但是要说产品长什么样，当时真没有想过。

李翔：回到招聘行业之后，有刻意去想怎么通过移动互联网的方式改变这个行业吗？

赵鹏：当时就是元野跟我说的，老农民进城卖玉米，坐车比走路快。这是听人劝吃饱饭。另外就是，你说我们钱多吗？天使轮给我们钱确实挺多的。但是真正做一个互联网平台，这个钱就跟没有一样。所以我们也就没有什么其他资源，只够弄 mobile 的。直到 BOSS 直聘上线三年多了，我们才弄了 PC 端（电脑端）网站 zhipin.com。当时没有人，没有钱，也没有域名。瞄这个 zhipin.com 的域名瞄了四年，人家的报价从几百万降到几十万。所以也是因为没有条件同时做。理论上来讲应该同时做，因为毕竟很多人还是在用 PC 找工作、招聘人的。我们今天在 PC 互联网上也投了很多精力，因为这是用户的需要。正如电子书很好，但纸质书也不会消亡一样。很多人还是习惯支个大屏幕、敲着键盘干活。

李翔：是吗？PC 来的用户数量跟移动端来的相比的话……

赵鹏：移动多，PC 少。

李翔：差距大吗？

赵鹏：差距有点大，但你不能说我不服务你，只能说我当时没有能力服务你。我就这么点人，这么点钱，弄个 App 都九死一生。外面讲 less is more（少即是多），我们家改成 less is better（越少越好）。所以是听人劝做移动，是被动的。我不是移动的生物，甚至 95 后都不是移动的生物，00 后可能是。移动互联网大起，是 2010 年往后了吧。

李翔：在中国应该是。我觉得是 2011 年初微信上线，再加廉价智能机开始起来。

赵鹏：所以我们严肃地讲，2013 年吧，智能手机剧增，然后 App 像雨后春笋一样出来。2013 年如果是大起的话，应该 00 后是原生的，我们都是半路出家。尤其我这个年龄，70 年代的人，PC 互联网我都算半路出家，所以我没有那么敏感。是元总教导我说，mobile first。

李翔：你们是怎么认识的？

赵鹏：2010 年徐新 ① 介绍认识的，他俩共同投了一个公司，原来有很多产业的东西，有点重，想发展互联网业务。他们说你能不能去这个公司做事业部总裁，把互联网业务做起来。

李翔：所以相当于来挖你的。

赵鹏：然后我们聊了几盘下来，我说那个领域我不懂，它

---

① 知名投资人，今日资本创始合伙人。

非常产业，我非常不懂，所以我不能去。另外心里也不是很热爱这个事。但是这个过程中我们就结交了，然后就保持了网友般的亲密联系。

李翔：网友般？

赵鹏：那时候还没有微信，就是打电话，偶尔吃个饭，大家切磋个事。

李翔：像你们这种信任感是怎么建立起来的呢？因为他投你这么多钱，还是一个蛮重要的决策。

赵鹏：我们比较对脾气吧。其实信任感的关键叫闭环，说好的就是说好的，正心诚意，知道的就是知道，不知道的就是不知道，聊正事不能临时想答案，说好的答案就一定要给人家闭环，要 deliver（践行）。

我觉得成年人半路上这种结交，后来能合伙做生意的，应该是双方都有这种——写字叫"有体"，做人叫"有谱"吧。谱是对一个人的抽象，这个人有谱没谱，靠不靠谱。管理上叫闭环，诸事闭环。信任就是这样慢慢建立起来的。人家阅人无数，看人也能看懂。所以我们花了三年建立友谊，然后他觉得此事可为，我觉得此事可为，就不用 BP 了。我不用 BP，也没有团队。我说你确定啊？确定。签个东西，现注册公司，现搭VIE 架构（协议控制架构），现跟我的技术产品合伙人去谈，说这个事大概是个什么事，他们就勇敢地干起来了，到今天就是我们的 CTO（首席技术官）和产品副总裁。

李翔：这么大一笔投资没有 BP，应该是很少见的吧？

赵鹏：表面上少见。我觉得投资人也是精心计算过的，与其说他多给了你钱，不如说他想这个钱不要打水漂。因为我不是那种古灵精怪的二十几岁的产品极客。后来元总跟我说，你啊，你 1 到 10，10 到 100，我都不会很担心，因为你是开过大舰艇的。唯独这个 0 到 1，你的产品是不是足够犀利，是不是站得住脚，是我最担心的，所以当时跟老冯商量好，给你这么多钱。人家是创投，投早期的，从天使到 A 轮，这对人家来说是投好几个项目的钱，其实是想让你别失败。这是真正意义上的赌人。

李翔：他应该到目前为止也是跟你沟通非常多的吧？

赵鹏：他是个副驾驶员，他不找你聊天，但是你开着车，困了，说聊一会儿，他总在。他不会说，左拐，右拐，注意前面有个红绿灯，前方有敌人，不会的。他比我小 9 岁，但他是一个非常沉着的人。非常真诚，非常沉着，是我非常可贵的一个朋友。

从 0 到 1 和猛烈分享

李翔： 除了开始告诉你要移动优先以外，他还给过你什么建议吗？

赵鹏： 慢点做，别着急，产品 0 到 1 是你最大的风险，一定要极为舍得分东西给年轻人。所以我们一直极为舍得。我们的员工持股比例大于我，并且将日益大于我。

我们从创业提供服务到今年（2021 年）7 月份才 7 年，所以我们是在短短的时间内按照当时跟投资人共同商量的策略，极其勇敢地分享，把公司最稀缺的东西分享给大家。猛烈地分享，这是投资人一直鼓励我干的。

李翔： 这点我也挺好奇的，为什么会有这个策略产生呢？早年那一拨互联网创业者，可能因为对投资不熟悉，创始人的股票是极度稀释的。

赵鹏： 我就是极度稀释的。

李翔： 到你创业时那一拨，其实创始人的股权是非常非常集中的了，因为他们更熟练，资本也更充裕。

赵鹏：两个原因导致的。第一个原因是，确实从 0 到 1 弄一个犀利的互联网产品不是我擅长的。你要让我抽象一个框架我大概也能说出来，因为我对行业、对用户还是有洞察的。但是你让我把这个东西弄出来，我弄不出来，这玩意儿是工笔画，我的手已经没那么稳了，对色彩也没那么有感了。创始人要知道，是你在吃那些年轻人的饭，还是年轻人们在吃你的饭。如果是一个资源型企业，比如当年我能把这个地块拿到，囤在这里 3 年涨 5 倍，那非常清楚，大家吃的是拿地人的饭，这时候你去乱分就不合理。但有些企业分明就是你吃大家的饭，像我们公司吃的就是产研的饭。你吃谁的饭你就应该敬着谁。拿什么敬？一要拿钱，二要拿时间。这是挺简单的老农民的道理。

元总说的从 0 到 1 的问题，我就理解为我们到底在吃谁的饭。创始人重要不重要？很重要。但到底有多重要？我看也没多重要。要弄明白你吃谁的饭，你把牛人组织在一起，且让人家心情愉快，有成长感，有成就感，有归属感，这些是你厉害的地方。创始人充其量就是一个部落的酋长，你打仗有战士厉害吗？采摘有大姐厉害吗？跳个大神你也跳不过祭司。需要有你这么一个酋长，但是可不能妄自尊大。最不妄自尊大的方法就是把利益分了，所以我们是勇敢地分。这是主要原因。

次要原因是，我们走的是一条漫长的道路。找个能说融资没经验，也不能说过度稀释是我的诉求，我只能说是漫长的道路。因为我们这个领域，要么你做一个能够基本解决用户问题的 80 分的东西，要么你就什么都不是，没有中间路线。100 分我不敢吹，但到 80 分，这是一定需要花时间的。在你花时间的过程中，你都没弄明白自己是谁，别人能弄明白？

2016 年高榕资本跟在华映资本和徐新之后投完我们，投资人说你得弄个发布会。发布什么呢？你得讲讲你是什么模式啊。我们就现发明了一个词"MDD"，Mobile、Data、Direcruit（移动、数据、直聘）的简称，这是 2016 年 9 月份的总结①。我讲这段的意思是说，你其实不知道你一定能行，创业的本质就是瞎子摸象，千万别还没出发呢，就弄了个顶层设计，第三年就已经把 model（模式）说清楚了。反正我们没有。再加上我们这个领域，互联网招聘领域，一贯被人看低，永远不是风口，长期坐在冷宫，你怎么融资啊？因为这个行业过去没有给这个世界创造令人尊重的成就，没有建设出一家令人尊重的企业，那我们作为这个行业中的一员，就一定要忍受平均一年融两轮资，十几轮下来，把你稀释成啥样都是应该的。再加上我们又大量地把股权放到期权池里去。综上，就带来这样的股权稀释的结果。

李翔：你今天回头看的话，会觉得 0 到 1 的难点在什么地

① BOSS 直聘上市时的招股书中将 MDD 定义为直聘模式：移动 + 智能匹配 + 直聊。

方，为什么元野说你在 0 到 1 可能会出问题？

赵鹏： 路径依赖。传统互联网招聘的基本模式有不可或缺的几大路径依赖。第一收入要靠广告，首页广告是中国互联网招聘企业重要的收入来源，除了中国互联网招聘企业以外，全球各国互联网招聘平台上都没有首页整墙广告 banner（横幅）的问题。我们到今天为止一个首页广告都没有，但破除了这个，你吃什么啊？这是要解决的问题。第二个路径依赖，传统互联网招聘网站的 consumer model（用户模式），本质都是职位搜索器，就是用搜索的方法去把职位信息进行分发，比如 1994 年美国的 Monster，1997 年澳大利亚的 SEEK，1998 年香港的 JobsDB，1998 年上海的 51Job，1994 年北京的智联招聘，1997 年北京的中华英才网，1997 年深圳的人才热线，大家都依赖职位搜索器。它们能存在是因为有职位搜索器进行流量分发，遇上困难也是因为职位搜索器。职位搜索器支撑了整个商业模式的存在，然后这个事情是不 work（运转）的。

为什么用户不高兴？知名企业你排在首页的第八个我也能看见，也投简历给你；不知名的企业，你置顶到第一个我也懒得看一眼，你谁啊，我投简历给你。所以小微企业在这个地方是无从招聘的。因为信息只有薄薄的一层，这个公司叫什么，职位说明书千篇一律，薪资就是个区间，有时候加个面议。你说我基于这些东西就要去上四牛址？它提供的信息完全不足以让求职者区分，所以大家都去投知名企业。然后知名企业也骂。华为 2008 年雇了一千多个 recruiter（招聘专员），原因很简单，第一重视人才，第二这个简历弄不完啊。曾经有一个笑话，HR（人力资源）收了一摞简历特别厚，老板说今天下午弄完。他说下午真的弄不完。老板说我告诉你一个办法，把上面这一半扔了，直接看下面这一半，一样的。这竟然就是我们一代互联网产品留给用户的体验。

对求职者而言，一个老鸟本科毕业，干了 8 年，30 岁了，在企业怎么着也是一个经理人了，你让他给你投简历，他为什么要给你投呢？他年薪 25 万，对面筛简历的哥们儿可能年薪是 6 万，一个年薪 6 万的人筛一个 25 万人的简历，本身倒没有多大问题，问题是，他是个什么人你懂吗？你能跟他聊清楚吗？他为什么值钱，他有什么痛苦，他有什么教训，他有什么 know-how（专业技能），你问得出来吗？不说资深资浅，这时候要求他给你陌投一份简历，他肯投吗？对于小鸟来说，反正我就海投吧，一个月投出去几千份简历。有些网站还鼓励，问你要不要一键式投 80 家企业。投了之后，你开始抱怨为什么没有人理。

所以，职位搜索器根本不解决问题，反而导致大企业简历淤着，天天骂人，小企业收不到简历，天天骂人。

我们为什么坚定地选择了匹配模式？因为绝不能选择职位搜索器，全行业吃了二十几年苦。所以当时我们就坚决选职位匹配器。

至于说招聘者出来直接聊，这真不是什么创新，这就是生活。刘备没有找猎头去挖孔明。张辽将军捉住一个张三将军，问他愿意不愿意归降。回答说誓杀曹贼，要杀要剐随便。这时候曹操说，别杀别杀，人才，让我跟他谈谈。曹操就来谈，一二三聊下来，孤其实也是一个好人。然后对方纳头便拜。自古以来如此。现在也是，我们看三类现象，第一，在朋友圈发招聘信息的人，请问是经理人多，创业公司老板多，还是职业招聘者多？肯定是老板多。第二，在饭局上说，哎呀，你们给我推荐个人啊，最近可愁了。请问这种人是创业者多，还是职业招聘者多？肯定是创业者多吧。第三，从我们平台上来看，正月初一在那里聊牛人的，也是老板多得多。所以这就是生活，生活中本来就是直聘的，就是小公司的大老板、大公司的line manager（部门经理、业务主管）自己来找人的。

然后再说一个趋势，那种天天等着你，你不给他 offer 他就找不到工作的人，说实话你也不一定想要，但凡是你认认真真看上的，那也一定是众人追捧的，这种人你不跟进，你还真以为自己是甲方啊？任何企业，今天不管多有品牌，多给得起 offer（出价），都千万不要把自己当甲方，只要你想追的是那个前 20% 的人，你就绝不是甲方。

一说招人，就应者云集，那种年代早就过去了。1990 年出生了 2800 万人，这些人在 2012 年纷纷大学毕业了；今年（2021 年）需要安排就业的城镇新增劳动力在 1500 万人左右，其中大专及以上909万人。1500万人和2800万人，9年之中新增的劳动力减少了1000多万。前几天有一个新闻，南方城市成衣厂的厂长在街上摆摊招人，基本都是抢的。厂长出来招人，不是因为这些厂长突然之间懂得了尊重员工，而是因为真招不着人了。这是一个趋势。

李翔：人才市场在从买方市场变成卖方市场。

赵鹏：而且这个趋势不是刚出现的，我们看1990年出生的人，应该是2012年本科毕业，这一年是2800万的劳动力供给；我要没记错的话，1995年出生、2017年上班的人，还不到2000万，在1800万左右。这个趋势就导致老板要抢人，有什么办法用什么办法，千万别坐在那儿以大公司甲方自居了。谁越早明白这一点，谁就越适应你说的买方市场、卖方市场的逆转。

所以我觉得直聘模式，既符合生活，也符合趋势，而且也符合历史。当年，我们1970年代出生的人大学毕业后，在1990年代初去招聘会，那是什么样子？一张桌子，中间那个人叫劳资科副科长，相当于现在的人力资源部副总经理，旁边有采购科、营销科的副职或者正职，需要招人的人来了，组织人事的人也来了。还有大牌子，上面写着我们是江南皮革厂，怎么怎么牛，现在招四大岗位，待遇怎么怎么好。心里有意你就凑过去，老板好，这是我的简历，你可以看一眼。他拿了这份简历不会说先放着，啪啪翻一下，有点意思啊，小伙子，咱俩聊聊，你对我们这个行当怎么看？再见面就一定是复面了。如果一看简历没啥意思，就说，好的，谢谢你，你把简历放在这儿，我们随后会根据程序联系你。所以招聘会就是典型的 boss（老板）直聘，不可能招聘会来了一个劳资科科员收简历，用人单位都不来，那你得是多大的企业才有这地位啊。

所以直聘根本就不是什么发明，只不过是还原了生活的场景。

李翔：像你刚才讲的几点，你是什么时候想到的？它其实也是一个模型，特别像 BP 里面会写到的。

赵鹏：我有一个思考的模型，当一个人告诉我一个事情如何如何重要和伟大，我就倾向于去想想 30 年前、300 年前、3000 年前甚至 3 万年前，人类社会中有没有这件事。如果那时候就有这件事，它成为一个真命题的概率就比较高。瓶子可能变了，酒可能还是那个酒，虽然酿造工艺可能也变了。所以有人来给我说了一件事，说这个事怎么怎么样，那根据我有限的历史知识和常识，我大概想想这个事情是一个没影儿的事，那就靠不住。

我觉得许多伟大的产品，很多其实是还原了田园时代大概长什么样。

李翔： 嗯，华杉[①]有个说法叫"回到母体"，有点类似。

赵鹏： 我用田园时代这个词是学的《三体》，就是曾经宇宙不是三个维度，光速也不是定死在每秒 30 万公里，那个年代叫田园时代。我们用"直聘"这个方法，也是希望努力还原田园时代一个老板找一个人、一个求职者找一份工作的过程，它可以是高效和愉快的。

部落年代，一个部落 150 人，里面有 14 个娃，正好都满 16 周岁，脸上画个图，喝点酒，刺个青，这是成人仪式，明天可以有独立的生活了，可以有独立的职业，自食其力。这些人不需要写简历，不需要经历八轮面试，转正期三个月，一年以后跳槽。这是人类跟工作非常友好的年代。我们应该努力还原人们找工作的本来面目，然后找得靠谱，上班待得久，待得符合一万小时定律，从此有一技傍身。

李翔： 还原确实挺重要的。

赵鹏： 非常多的创新其实是利用现代意义上的技术和产品，给了一个可以还原的、简单而优美的东西的场景。

---

① 咨询公司华与华创始人，也是得到 App 的老师。

43 岁踏进移动互联网

李翔：我想回到你创业之初，当你 2013 年底决定出来创业的时候，已经 43 岁了，这对于互联网创业者而言应该算中老年了。

赵鹏：你要跟任老爷子（指华为创始人任正非）比，人家 48 岁才干 IT。

李翔：年代不一样。

赵鹏：我从来就不承认创业的时候我年龄大了，因为我的参照系不一样。我的参照系叫办一件正事，而且要办一件大事。现如今地球上人类比较正的事是：人人有饭吃，明年要比今年吃得好，最好是学了一招，年年吃得更好。而且要办一件大事，就是你要服务更多的人。从这个意义上来评价创业者的话，你会发现他们在年龄上呈现出另外一个态势。比如左晖兄，比我小 1 岁，1971 年的，人家可是 2002 年就在北京开了一家店了。

李翔：对，人家创业早。

赵鹏：但他踩进移动互联网革自己的命（指左晖创办贝壳找房），不就是三四年之前吗？你再看那些创业者，福耀玻璃、奇瑞汽车、蒙牛、联想、华为，这拨人在他这个事情办得有点意思的时候，多大了？所以不能看起点，创业是需要结果的，最重要的是结果。我不太赞成说创业图痛快，你倒是痛快了，员工呢，用户呢，投资人呢，社会对你的期待呢？

我觉得创业是极度严肃的事情，一定要看结果。从结果倒推去看，反而年龄呈现出另外一个趋势。所以我创业的时候不大不小，正合适。

李翔：你肯定也知道，当时对互联网创投领域而言，投资人肯定会更倾向于刚毕业，甚至还没有毕业的人，合伙人都是宿舍同学。

赵鹏：当年的创业者千千万，当年的投资者百百千，只要有一个人认你就行了。你看我们这几个投资人，冯波、元野这个组合，冯波比我大，元野比我小；徐新比我大；C1轮华映资本季薇比我小。顺为资本参与了我们天使轮的投资，Tuck（许达来）比我小一点点，雷军比我大，他们两个做的决定。但也有高榕资本，合伙人都是80后，也投了我们。所以年龄只是一个偶然，在这个阶段有一个人认可就可以了。潮流这个东西是一阵一阵的。

李翔：当时你认为你来做移动互联网会有什么优势？可能

大家会认为更年轻的人对技术更敏感，对趋势更敏感，对用户的需求更敏感。

赵鹏：我能画出草图来，我大概知道招聘这个事的痛点在哪儿，知道搜索是不灵的。我知道老板直接找人是本质。HR只是用人肉的方法，尤其是 recruiter，尤其是主要筛简历的 recruiter，是用人肉的方法来降低老板的劳动强度，给你创造一个你能在二面进行直聘的场景。而这个场景是可以用技术去创造的。我们可以看到一些问题的本质，这样就不怕了。至于你画的这个图只是草图，人家是工笔画，颗粒度很细的画，你弄不了，那你知道你在吃谁的饭就行，你就敬着人家。

李翔：就是产研，是吗？

赵鹏：对。

李翔：最开始产研的同学是从什么地方来的？

赵鹏：攒的嘛，兄弟介绍兄弟，第一支团队十几个人都是。

李翔：也是 boss 直聘吗？（笑）

赵鹏：对，我直聘。谁创业一开始不是直聘啊？所有创业者在 start up（启动）阶段都是直聘。一鸣（指字节跳动创始人张一鸣）自己说他面试过 2000 人，我觉得没撒谎。雷军说创业阶段超过 50% 的时间都在找人，我相信他是真诚的。Robin

（百度创始人李彦宏）也发表过类似的讲话，说一个 CEO 要花一半以上的时间直接去找人，我相信他也是真诚的。所以不管是多大的企业，都是靠直聘起的家。而且不管后来多么大，在关键核心岗位上一定是直聘的。我能洞察到这个本质。至于这个产品，这个 icon（图标）放哪儿，前后应该怎么办，我哪儿知道？那年磊哥（指张磊）正好 29 岁，他说这个我弄啊，怕什么。

李翔：是元野把你介绍给顺为的吗？

赵鹏：不是元野，是旭阳①。旭阳是我们的老朋友，原来百度战略投资部的 SVP（高级副总裁）。2007 年我们就认识，当时他让我去百度，我没去，后来他去斯坦福念书，我们就一直有联系。他说你最近干啥呢，我说准备创业。我讲了讲大概创个什么业。他说你无论如何让我投一点。我说行，让你投一点。结果弄着弄着就让雷老大（指雷军）听说了，说要不然我们投一点？旭阳说人家一个天使轮，弄那么复杂干什么，我让给你算了，就把他的额度让了。但是让归让，人家也要认真考察的。是这么一个缘分。现在顺为也是我们投资人，没退。

李翔：我看顺为应该是每一轮都跟投了吧？

赵鹏：也不是每一轮，早一点的轮次是跟的，晚的没必要

---

① 任旭阳，2001 年就加入百度的百度元老级人物。

跟了，点位够了，越到后来越贵，到后来你花 1 亿美金买一点点，人家那时候 100 万美金就买一大点，所以没必要了。

李翔：你去顺为，雷军会给你什么建议吗，你们谈的过程是什么样子的？

赵鹏：雷军说，我有 40 分钟时间，讲讲你要做个什么事，做到哪个阶段了。我说还没做呢。那你为啥能做这个事？我说我老船长，大船小船都开过，顺风逆风都驶过，翻船的概率不大，到底能挣多少钱我也不敢保证，总归赔的概率不大，胜算有一定保证。完了他就说，不好意思，他们叫我了，要赶飞机，那就干吧。其实他是看看人，那个轮次投资就是看看人，再加上他之前就听旭阳聊过这个人怎么怎么样。

李翔：他没有在具体的产品和互联网打法上面给你一些建议之类的？

赵鹏：我们其实是顺为投资企业中持仓较低的，是顺为资本中的非典型企业。小米生态链和智能硬件一直是它主要的赛道。所以我们理应分不到雷老大太多的精力。我们参加他的 portfolio 大会 ① 的时候，是会听他讲点东西。基本上他演讲完，嘉宾们也演讲完，CEO 们吃饭也吃完了，推杯换盏，最后该走

---

① 　指顺为基金举办的被投企业会议。portfolio，被投企业。

的走得差不多了，就剩一桌，他一个人坐在那里高兴，周围围了两排，他就说，你们觉得一个创业公司的CEO该怎么做，就从这里开始聊。他说现在是我们自己人说话，譬如事必躬亲、不可假手于人，这是创业阶段CEO一定要做的。

李翔：对，雷总坚持到了现在。

赵鹏：雷军是极其优秀的CEO，极其优秀。25岁干CEO干到现在。雷军1969年的吧，湖北仙桃人。

李翔：对，也有人说他过于事必躬亲了。

赵鹏：谁家的日子谁知道，外面的人也看不懂，一人难满众人意，哪有完美的企业家？80分的企业家已经是天命之人了。其实做企业最后剩下的可能永远都是遗憾。

李翔：你有什么遗憾？

赵鹏：我现在一个7岁的公司，且到23岁的时候看看有什么遗憾。年轻就是好。（笑）

创业要远离确定性

李翔：我看过之前一个报道，2013 年创业的时候你给自己立了三个规矩，做熟不做生，To C 不 To B[①]，做已经被验证过的模式，是这样吗？

赵鹏：那是我购买分智网时候的决定，它体现了一个中年人的持重和胆怯。分智是 2008 年在南京由 3 个出身安徽的小朋友——一个 1984 年的、两个 1985 年的——共同创办的一个公司点评网。同期在美国有人创办了 Glassdoor。到 2014 年的时候分智这个网站已经干了 6 年，我琢磨了琢磨，觉得公司点评这个事有点意思，跟人家聊了聊，就卖给我了。

买这个站的时候还真有雷军的建议。我们当时天使轮融资买这个站还是要花点钱的。雷军说，从你自己攒流量到你一天能有十几万 UV（独立访客），你要自己吭哧吭哧跑的话，因为不是那个年代了，三年花同样的钱跑不出来。他说我给你一个评价，你这个事干得像一个 CEO 的决定，成不成都行。

---

① To C 指 Business to Customer，商家对顾客；To B 指 Business to Business，商家对商家。

李翔：买之前？

赵鹏：买之前要请示人家的。都同意。元野就更痛快了，他说你这叫作以正合、以奇胜的态度。因为 Glassdoor 已经被验证过了，是基本能活的模式，一半以上的美国人找工作一定要通过 Glassdoor，看看公司怎么样。你今天有这十几万 UV 在手里，这是以正合，然后移动互联网探索以奇胜。雷军的话特简单，这是大手笔的决定，刚创业，刚拿完投资，直接进行收购，绝对像一个 CEO 干的事。

说回来，那三句话仅是冲这件事去的。实话实说有点天真，已经验证过的模式这句话是一定不成立的。创业要珍爱生命，远离模式，远离顶层设计，远离确定性，远离用确定性的方法去考核事情。

李翔：这跟终局思维不是矛盾的吗？

赵鹏：你在路上，你不知道要去哪儿，大概你就是要去西天取经，这是终局思维。但是你说贞观二年正月初三，唐僧离开长安西门去西天取经，这时候突然有人出来问，请问贞观六年七月十三，你是在狮陀国还是黄风岭？你准备用什么方法搞翻铁扇公主？我们会觉得这货有病。

而且，创业是我们要去西天取经，而不是西天取完经回来，你封斗战胜佛，你封净坛使者，你官复原位，金蝉子成佛。这不是目的，目的是把真经取回来，普度众生。人家封赏咱，这叫"子路受之"①，这个要分清楚。终局思维我认为讲的是价值，但路上真的没有终局思维。

李翔： 对。

赵鹏： 路上不也有人经常劝解散吗？你回花果山，我回高老庄，师傅已经被妖精洗干净，蒸上了，算了。这是过程，过程就是不可知的。

我有一个观点是，你要敬畏无常，你要相信大部分事情是你不知道的，但是你得知道按牌理出牌。你跟人家下象棋，马要走日，象要走田，卒要往前，炮要隔山打，这个牌理不能弄乱了。不能马边上有一个卒，你就直接横着吃了，这你就不讲道理了，是不讲武德。但你懂得牌理，你就是国手吗？所以要按牌理出牌，敬畏无常，拥抱不可知。创业按牌理出牌是有的，比方说钱永远是不够的，融资是不能停的，除了热爱用户以外，其他都是瞎扯，你吃谁的饭你就敬着谁，你不知道吃谁的饭，或者知道了还不敬着，那就是早死晚死的问题，这都算是按牌理出牌。

包括你的用户爱不爱你，你自己清楚，你的用户不爱你，天天恨竞争对手有什么意义呢？你的用户就是那些沉默的大多数，他们也不会出来在社交媒体上表扬你，但是他们确实是用

① 指《论语》中子路救了一个溺水的人，对方用牛来答谢子路，子路接受了。孔子赞赏子路的这种做法。

自己的时间，用脚投票，在帮助你成长。只要这些人还爱你，你的基本票仓就一定在。那就不用害怕那些声音大的人天天diss（指责），没有哪个企业是被声音大的 diss 死的，都是把用户得罪了，自己作死的。

所以综上，我觉得就是基本牌理，剩下的就敬畏无常。同时终局思维不能乱，我们因价值而生，被人家所依赖，人家才打赏我们；被人家所需要，人家才吐槽我们。没有打赏，也没有吐槽的企业，它为什么会存在呢？那也太奇怪了。

通过收购开始的两条路径

李翔： 你是出来创业之后多久决定去收购分智网的？它应该是你做的第一个比较大的决定。

赵鹏： 相当于立即决定了，拿到钱以后反手就收分智网，以正合，以奇胜，兵法是对的。到今天为止，地球上还有三个公司点评网在运作，Glassdoor、XING 和我们，XING 是德国公司，三个劳动力大国。

李翔： 你做这个决定，目的是想迅速完成从 0 到 1 的过程，是吗？

赵鹏： 可以这么认为，迅速完成从 0 到 1 的过程，然后团队工作有题材，有内容，从早到晚有事干。

李翔： 买完之后就放在北京？

赵鹏： 迁到北京了，人家哥仁就不做了，拿钱走人。分智网正式交割的同时，在 2014 年 4 月初的某日，我们家一位 T7，高级研发工程师，当时的 T5，就写下了第一行代码，进入了 BOSS 直聘的开发阶段。7 月 13 日 BOSS 直聘上线。之前的 6 月 17 日，分智网变成了看准网，重新上线。前后差 27 天时间。

李翔：这两个产品几乎同时运行，是当时有意的设置吗？还是本来想在收购的基础上做，但无意中想到另外一种模式？

赵鹏：做一个干脆利落直接在招聘上做动作的 App，是当时在我们的设计中本来就有的事情。所以 4 月份的时候工程师就分了两拨，当时仅有的一名安卓开发和一名 iOS 开发，进场去干 BOSS 直聘，另外有几个同学在做看准网，所以是同时开展的。

李翔：这个一点都不专注极致，是吗？

赵鹏：我到什么时候开始专注极致的呢？一直到 BOSS 直聘的用户用脚丫子投票，让我们迅速从几千 DAU（日活跃用户）涨到 6 万 DAU。这是 2015 年 10 月份的事。后来我们就有了一个策略，把资源进行一九分，90% 的资源放在 BOSS 直聘上，维持这个产品的服务，不要让用户觉得找不到你。当时我们看准网事业部的负责人，一个高级产品经理，根据这个策略，就从看准网撤下来，去 BOSS 直聘这边做了一个普通产品经理。

李翔：早期你们相当于是两条路径在跑，看哪个能跑出来，可以这么理解吗？

赵鹏：我没有有意识地去赛马，但我发现，当用户用脚丫子投票说这玩意儿 work 的时候，你就一分钟都不要停，明天早晨你就把资源放上去。用户没有用脚丫子投票的时候，你也不要太主观，就觉得一件事 work。

李翔：用户用了将近两年的时间投票？

赵鹏：2014 年的 7 月份上线，DAU 过千是 2015 年的 3 月份，就是有 1000 个用户。到 5000 的时候也是在 3 月份，因为旺季，再加上我们做的事件营销。然后到 10 月份用户 DAU 超过 6 万的时候，所有人都吓了一跳。那时候哪有什么广告费啊？没有，口碑传播就彰显了极大的张力。这时候就断然说，把资源全部放上去，产品经理、设计师、工程师。其实也没有几个人，当时我们还在一个小居民楼，五六十个人，但绝大部分人都去搞 BOSS 直聘了。所以不是有意识地在赛马，但是一旦用户都认了，你还不认，你咋那么轴呢？你拿什么认，你拿资源认。

李翔：客观上起到了赛马效果。

赵鹏：对，我们没有太多先验的东西，也不太相信太多先验的东西。创业法无定法。

招聘的种种模式

李翔：你 2013 年底出来做的时候，互联网招聘有多少种模式？比如看准就是一种，已经被验证过的。

赵鹏：我觉得有四种模式。第一种是基于用户职位搜索的经典模式，就是 Monster、SEEK、51Job 的模式。第二种模式是帮助用户进行决策，然后再去进行职位分发的 Glassdoor 模式。第三种是垂直搜索模式，主要是 Indeed。Indeed 是一个在奥斯汀（美国得克萨斯州首府）做起来的，完全垂直于招聘领域的搜索引擎，它的流量迄今为止应该在招聘领域是全球第二大，仅次于 LinkedIn。第四种模式是，有些人已经试着把猎头公司拆开，就像当年的房多多什么的，去中间化，把个人中介搬到平台上，替两边干活，这种模式一直不 work，但当时已经有人在做了。

李翔：LinkedIn 不算吗？

赵鹏：我一直认为 LinkedIn 的 revenue model（营收模式）是招聘，consumer model 是连接。它是一个社交平台，但它的

revenue model 是通过招聘赚了钱。我一直不认为 LinkedIn 是一个招聘网站。

李翔：还是一个社交型、连接型的平台。

赵鹏：对。就像黄金能成为货币是因为它的稀缺性，以及难以化合，跟谁都不反应，又长得好看，又容易切割，密度又大，便于携带，等等。你不能倒着去发明一个黄金。黄金首先是黄金，其次被人们用作货币，这是我对 consumer model 和 revenue model 的理解。

像腾讯用游戏赚了很多钱，我们不能说腾讯就是个游戏公司。我们也不能说抖音是个广告公司，虽然它的 revenue model 是卖广告。包括阿里主要的收入来自广告，但是把买家和卖家匹配在一起是它的用户模式，你不能说阿里是一个广告公司。

LinkedIn 同理可证，它的 consumer model 是把人连接在一起，连接创造价值，所以我一直不觉得它是一个典型的招聘平台。BOSS 直聘是一个纯粹的招聘平台，你来了要干吗很清楚，你就是为这个来的，就像专卖店。

李翔：你们的用户模式和营收模式反而是比较一致的？

赵鹏：对，我们的营收模式直接长在我们的用户模式上。没有说先吸引用户，有了流量再变现。比如因为内容分发吸引了浏览者，然后再把流量变成广告收入。我们没有这个中间层，你来就是为了招人，付钱也是为了招人。

坚决移动互联网

李翔：BOSS直聘上线的时候，市场上有移动版的招聘工具吗？

赵鹏：没有。

李翔：你们是第一个？

赵鹏：把网站搬到手机上如果也算的话，应该有，但是我不记得了。

李翔：当时你直接做移动版是一个战略性的选择，还是像你经常开玩笑说的那样，只不过是没有钱做网站，所以才做了App？

赵鹏：没有钱做网站是一个二级命题，一级命题是就要这么干。听人劝，吃饱饭。2013年到2015年，是移动互联网极速崛起的时候，但也要克服一个困难，就是如此低频的东西做一个App是否合理。当时有一个论调，如果你的App在手机的3.5英寸屏幕上，不是在"衣橱"的首页，那不要做。把App比作衣服，放在苹果的App Store就是放在商店，下载了就是放在衣橱，打开就是穿上。你没在"衣橱"的首页，放在箱子里压着，就不要做。这个论调听上去逻辑非常自洽。但我们克服了它的影响。我们说，移动互联网这么发展，App 下载是十位数的东西，在衣橱里的是个位数的东西。咱们先干，没准干着干着就去首页了，就成了常用的东西了。实践证明也是这样的。

所以首先是一个选择，没有钱是一个二级命题。没有资源是一个结果，它不构成原因。

李翔：你有刻意去"学习"移动互联网吗？

赵鹏：有啊。在 2013 年较早的时候，还在做千品网的时候，张磊帮我下载了一堆 App。他说你要好好了解的话，非常 popular（流行）和非常新锐的 App 我帮你下一批，你一个一个用。但体验一个东西和实际用一个东西，完全是两码事。

李翔：对。

赵鹏：所以其实也就是感觉了感觉。

李翔：我记得那时候大家传得非常火，在腾讯，马化腾给大家开会，让大家做移动互联网，怎么办呢，你们所有人都不要用 PC，以后一个月都要用手机。

赵鹏：那部手机我现在还留着呢，是一部古老的 iPhone 4，3.5 英寸屏。

李翔：对，都说那是乔布斯参与的最后一款产品。2011 年微博很红，再往后就是微信了。

赵鹏：对，后来微信确实给了大家很多启发。我天天用微信的时候，已经快 2014 年底了。那时候我的微信上只有一两百个朋友。但后来所有事情都要在微信上干了，因为我们要运维我们的 boss 群，我也是客服，我们有 N 多 boss 群，两百人、三百人群。这时候我的朋友圈从几百人迅猛增长到几千人。

李翔：当时你们团队里面没有人提出来直接在微信的生态里做吗？后面也有这种声音，一个低频的东西其实没有必要做一个独立的 App，基于微信做就可以。

赵鹏：微信我觉得像一个广场，或者像一个大的商业综合体，真的进去，啥都有。但是今天我要选一个发烧级的音响，有专卖店，那你还是应该进去好好看一看。大家的追求应该是不一样的。所以我一直也不觉得我们应该在哪个人的平台上去做。

李翔：当时应该有一句话非常火，不知道你有没有印象：微信就是互联网。

赵鹏：微信就是移动互联网本网，保持住这个重大的敬畏就好了。至少本网这个说法是我发明的。

李翔：本网是什么意思？

赵鹏：就是本尊。你把微信看成移动互联网这个世界的本网就好了，要有这个敬畏，但是我们要干的是很具体、很垂直的事，还是要把自己的 native（自有的）App 做明白。而且这也跟事大事小有关系，微信一天有 10 亿活跃用户，其中有 6 亿人上班，所以我们的事也挺大的。同时要考虑它是个事业还是个生意。是个生意的话，我觉得怎么轻怎么来，挣上钱就好。是个事业的话，你这双边推荐这么复杂，要研究两边的用户，你要做实验，每天几十个实验在线上跑，去人家平台上怎么跑？所以 native App 有它很大的优势，至少在 0 到 1、1 到 5 的阶段还是应该做 native App。

我们的小程序现在也很强大，也没必要非得把小程序的流量弄到 App 去，但如果不是基于这个强大的 native App 的发展，我们的小程序也不可能弄明白这么多事。

就现在来看，人家愿意在 PC 上，我们好好伺候人家；人家愿意在 App 里面，我们好好伺候人家；人家就愿意在小程序里面，我们好好伺候人家；甚至将来人家愿意在其他平台上，我们也好好伺候人家。我们伺候的是用户，不是某一个"帝国"，不是某座城墙范围内的疆土。用户是不会被任何人锁在他的城墙里的。

李翔：总之跟着用户走就对了。

赵鹏：再巨的巨头也要敬畏用户，用户不是你的私产。

李翔：对。

赵鹏：我们有这个敬畏，所以我们看不见疆土，看不见城墙，只看得见用户。所以现在不管是 PC，还是自己的 App，还是小程序，用户在哪儿，我们就拿我们的能力服务就好了。

李翔：你开始跟天使投资人谈的时候，你们有没有认为它就是一个非常长期的，可能就是余生的事情了？会有这个默契吗？

赵鹏：几年交流下来，他们知道我是这号人。如果有一天这家企业被这个世界以某种机制打赏了一个价格的话，一定是因为它先做出了一个价值。我们是忙着做价值的人。你盯着做价值的话，价格会来的，你会值点钱的。到底值多少钱，随行就市就好了。但是你的价格一定跟你的价值是正相关的。我们投资人知道我是这号人，我做一个事情总是要做很长时间，五十多岁了一共没上过几个班，每件事情都搞久，所以他们对我有这个信心。

度过从 0 到 1

李翔： 从 0 到 1 的这个阶段，你今天回头看的话，几个关键的决定分别是什么？比如你刚才讲可能慷慨分享期权是一个。

赵鹏： 弄清楚自己的短板，知道吃谁的饭，拿出时间，拿出诚意，拿出最稀缺的东西也就是股票，这肯定是这个组织建设过程中的一个正确决定。它的结果就是我们的期权池，员工持股的比例高于创始人。

李翔： 这是自愿的，还是被迫的？

赵鹏： 叫服从规律。谁跟钱有仇啊？谁跟控制权有仇啊？但是你不这么做，你就啥也没有，我自己拿着百分之百坐在地上，事情没了，你开心吗？

李翔： 这是一个特别关键的决定。还有吗？

赵鹏： 坚决干移动，是一个正确的决定。

李翔： 产品和技术路线的选择呢？

赵鹏： 坚决要干匹配，不会干也得干。不会大数据，机器学习用不起来，那你就用策略，策略+JAVA，硬怼，怼着怼着就怼明白了。在你一天只有6万用户的时候，高级科学家来这儿也开不了工啊。一台康拜因联合收割机开过来，一看二亩地，还没开呢，就离开了。那先用牛耕着。牛耕地和拖拉机耕地本质上是一样的，二亩地就用牛，两万公顷就用拖拉机，本质就是翻地。所以这个东西就是要坚决。只有一名数据工程师的时候，这哥们儿天天在那里干推荐。我们当时叫专家系统+策略+JAVA工程师共同进行了第一版的推荐，号称D1号引擎，Develop 1号（发展1号）引擎，现在已经迭代N版了。所以这是一个选择。

李翔：你当时做这样的技术路线选择是有原因的，是吗？

赵鹏：我不知道这个东西有多work，我也不知道我哪天能做明白，但是我知道搜索一定不work。那选择就很简单了，这条路可以走80米远，在80米当中是有路的。另一条路你可能5米都走不出去。创业者肯定选推荐这条路，不会因为不懂、害怕就不敢干。敬畏的是牌理，追求的是终局，路上的事不重要，开心的事不重要，倒霉的事也不重要。你干的是一个大事、一个正事的话，你心是比较平的，不太有震荡。

李翔：当时你对推荐算法有感觉吗？市场上是谁在做？今日头条？

赵鹏：我们直觉地认为应该这么干。其实好多人都在往推荐方面做。我们有一些粗浅的理解，我个人理解的推荐就是少给你一点，但给对一点，你少花点时间，还能有一个差不多的结果。搜索相对来说就是统统给你，你自己找吧。

这也是我们干千品网的苦恼，平均一天在线 3 万 SKU 的时候，用什么技术都分发不下去了，就特别想知道哪个商品给了哪个用户是好的。LBS 这个东西必须基于 mobile，那时候对 mobile 最深刻的理解就是 LBS 的应用，这是当年的一个时髦东西。但是我们也知道 mobile 只是其中一个必要条件，有 mobile 了，你就能弄准吗？也深刻地思考了推荐的事情，但是当时没有能力，没有时间，也没有钱。这对我们后来下这个决心是有帮助的，第一天就不能走老路。

李翔：而且你也不是技术背景。

赵鹏：我对技术是不懂，我不是技术背景，但是我有一种盲目的自信，我觉得技术不会改变商业活动的本质。再新的商业模式，也不会改变人类生活的本质。所以一旦想到田园年代这个词，我顿时就有信心了。

李翔：其实是不断地往本质上靠。

赵鹏：我举个例子，一段铁轨想要转行成一把大马士革刀。铁轨跟大马士革刀简直千差万别，但的确是可以转的。因为它们的本质都是 Fe，都是铁元素。但是一把祭祀用的古玉刀想转行成一把水果刀，这就扯了。

李翔："找工作我要跟老板谈"这句话是怎么想出来的？是谁想出来的？

赵鹏：我们市场部的人一起攒的。这句话朴素地表达了我们是干吗的，最直接、最简单、最朴素。老板不一定得是Robin，得是Pony（腾讯CEO马化腾），部门总监也是你的老板啊。中国自古以来就有"县官不如现管"的说法，现管不是你老板？谁拍你的板，谁就是你老板。基于这个朴素的认知，就找了这句话来表达，直抒胸臆。

李翔：当时有备选吗？

赵鹏：没有备选。本来我们干的就是这个事，说出来就好了。要告诉别人两句话，一是我来了，二是我是干吗的。找工作我要跟老板谈，找工作上BOSS直聘。第二句是我来了，第一句是我是干吗的。而且还朗朗上口。

李翔：从 0 到 1 的阶段，在什么时候算过了？

赵鹏：基本上是有 6 万日活用户的时候。因为从 5 月份到10 月份没有太多推广费用，就是天天大家吃喝，各种从微信群被踢出来，回去发个红包，继续吃喝。这么搞搞搞，搞到 6 万人一天的时候，我心里就知道用户认这个东西。这 6 万人不是花钱拉的。我们自己也做调研，问用户你是怎么知道这个平台的，结果发现朋友推荐的比例极高。我要没记错的话，超过七成是朋友推荐的。

李翔： 就是转推荐值很高。

赵鹏： 对，你知道一个人推荐另一个人去用产品这件事情，在 0 到 1 的阶段基本上能证明你是不是值得活着。当时这两个事情，一是从 5000 日活到 6 万人只用了几个月，二是调研下来超过七成甚至更高比例的人是用户介绍用户来的，放在一起就让我产生了一个极大的信心，觉得这事被证明了，沿着这条路干是对的。

随后过了一段时间，又下了决心说，90% 的资源，100 个人中的 90 个人，就干这一件事了，天天干。后来时髦的说法叫"大力出奇迹"，当时不知道这个词，就说就这么点资源，那就干这一件事吧，其他事情的资源就缩减到无限小。大家也都比较团结。随后没多长时间就看到 100 万用户，而且第二个 100 万用户的时间就更短了。

李翔： 是注册用户？

赵鹏： 就是完善了资料的用户。那是个重要的转折点，它的本质是用户认了。人家都认了，你还含糊啥，赶紧服务啊。

李翔： 你们当时打电话去调查用户从什么地方知道的这个

软件，是你们自己同事在做，还是请外面公司做？

赵鹏：哪有钱请别人。而且请别人也没意思，就自己问。现在产品经理都一直有这个习惯，只不过不一定用打电话的方法了，可以 App 里推条信息说，我是 BOSS 直聘的 PM（产品经理），我能问你个问题吗？我们内部有这么一个系统。人家说你不要找我，那抱歉，打扰你了；人家说你有什么问题，那就聊聊。这是日常的习惯。

创新规则和极度克制

李翔：你最开始决定收购分智网，也就是后来的看准网，其实是看中它的用户，觉得冷启动成本低一点。这个目的达到了吗？

赵鹏：今天我们给这个世界创造价值主要是通过 BOSS 直聘。看准网也创造价值，但确确实实没有说因为看准网有 17 万的 UV，所以今天 BOSS 直聘有了好的发展，二者毫无因果关系。

李翔：它没有给 BOSS 直聘导流，是吗？

赵鹏：各是各，不导流，今天也不导流。人家去那儿是喝茶的，你非说，客官你喝完茶要不要吃个麻辣烫？不合适。看准网不是 BOSS 直聘的广告网站，看准网是在进对门这个事情上帮助用户的。

李翔：你们还做过其他一些探索性的新产品，店长直聘、老鸟问答，做的思路是什么？为什么没有直接在一个 App 里面做呢？

赵鹏： 我觉得是因为倍加珍惜这个历尽千辛万苦才被用户有所认可的地方，不太敢在上面累加一个东，累加一个西。倍加珍惜的同时，也是一份敬畏吧。BOSS直聘这个产品一直是极度克制的。

有人说你帮我打个品牌广告，干教育培训的。一个首页广告说实话要很多钱，但我们不挣这个钱。虽然我们不是那么有钱，还是要敬畏自己没有完全了解的一个六七岁的小孩。比如人生的dark side（黑暗面）他早晚能遇到，遇到的时候来问你就好了，你不用在他上小学一年级的时候就说，来，我给你讲啊，dark side是世界平衡的重要组成部分，不用的。

李翔： 用不同品牌、独立产品的方式去做，跟在同一个App上线一个新功能相比，这两条路径会有什么利弊吗？

赵鹏： 我说个我们家自己的土话吧，叫"儿子要穷养"。我们今天有点流量了，但跟巨头相比还是个小公司。很多小公司有点流量，就觉得这个也能搞搞，那个也能叠加叠加。但是我觉得，BOSS直聘从200DAU涨到1000DAU花了7个月，你今天至少比那个年代的我们有钱吧？当时我们只有一个安卓工程师，一个iOS工程师，两个server（服务端）工程师，一个算法工程师，半个PM，一个设计师，现在你一个项目组也不只这么些人吧？何况后面数据分析中台是可以支持你的，用户画像中台是可以支持你的。你那个东西如果够犀利，能穷养出来，说明它是 work 的。养不出来，一定不是因为资源。所以儿子要先穷养，养出来再富养，不能说一开始先给流量，否则你都不知道是怎么养出来的。

儿子要穷养，这就是方法论。再有钱、有流量，再有资源，真是个新东西，我都不建议在原来平台上试。你先试明白了你能不能给用户带来价值。我觉得这是我们正向的方法论。

负向方法论的意思是说，败了就败了呗。我们家常自问一个问题，这一组创新如果败了，试问咱公司还在不在？这一组创新败了，试问你的锐气还在不在？这一组创新败了，试问团队的荣誉感还在不在？综上都在，你就干。有一个不在了，你就想想再干。

这就是我们比较土的创新方法论：儿子要穷养，三个在不在。按照这个方法论，就轻易不要在这个平台上搞什么。儿子要穷养，没有资源也能养明白的，就是正事。三个都答在的，你就干。比如你看到的老鸟问答，历史上的蜗牛社区，还有一个专门看薪酬的，黑话叫"算老几"，我在江湖算老几。干明白了，咱就结合，干不明白就拉倒。所以肯定是单独做。

李翔：符合什么条件才可以在 BOSS 直聘这个平台上，在这个 App 上做？

赵鹏：迄今为止没有。在目前千万数量级的月活用户规模上，对生态的敬畏应逐步加重，而不是减轻。因为自己不了解的东西是逐步变多了，而不是减少了。这种情况下随便引进一个物种……苜蓿长得好，呼伦贝尔种苜蓿吧，那可能一不小心，呼伦贝尔全是苜蓿。所以要保持巨大的敬畏，迄今为止没有什么试明白的事情可以拿到 BOSS 直聘上面做。

李翔：这是你们内部的一个共识或者规则吗？

赵鹏："三个在不在"是创新的唯一规则。然后 BOSS 直聘要保持极度的克制，不要往这上面东加一个西加一个。算是一个纪律吧。

但不是所有人都理解。有时候，一个中层的哥们儿就想把这个产品做出来。没有办法说服他，这个东西对用户的价值不够大，也没有办法一五一十地告诉他，生态的哪个地方没有敬畏。只能说，不好意思，我厂产品方法论叫"极度克制至死"，这个事情就是不干。产品委员会对这个事情是有否决权的，绝不会让一个什么产品轻易地累加在 BOSS 直聘上。

李翔：你们内部决定做一个产品创新，步骤是什么？

赵鹏：产品经理说我想干，自问一遍三个在不在。

李翔：自下而上的？

赵鹏：对。然后有工程师愿意支持他，那就干。

李翔：不需要经过你刚才提到的产品委员会允许？

赵鹏：产品委员会的否决权，取决于您是否破坏 BOSS 直聘的克制。尤其是这些年新来的产品经理，他是有自由意志要实现的，你不让他开工是很痛苦的事情。那双方就要进行艰苦的交流，他要充分讲清楚开工的理由，你也要听明白，并且充分地跟他说清楚这个克制的本质是什么，为什么要问三个在不在。这是每天都在发生的事情。但是发起方通常是我们的 PM，没怎么听说从上面发起一个产品说干一下。

李翔：BOSS 直聘是自上而下的，是吧？

赵鹏：BOSS 直聘的构想是自上而下发起的，但是这个产品能走到今天是产品经理做出来的。下一盘象棋还是下一盘围棋，是自上而下的；第一步动哪个子，是放天元还是放星位，是产品经理的事。

招聘求职如何做匹配

李翔：你只负责克制吗？

赵鹏：我因为在二线，离得远的话，看地图有优势。离得近的同学，可能看到的是色块，他会精细地把红黄蓝摆上去。

另外我也是个用户，我自己双向交流了 7000 人，平均一年交流 1000 人。而且我可能看 5 个人才聊 1 个，那就是 35000 人。我是我们产品的极重度用户，聊 BOSS 直聘的弊端，超过我的认知的不是特别多。就像老农民在田间地头来回晃，时间长了会有点直觉。比如说雨水大了，通风不够，西红柿就容易得白粉病。减枝减叶，剩下的西红柿还能活。尤其像我们这种新产品，没有太多可援引的先例，你就田间地头天天逛着吧，逛着逛着就有感觉了。而且我这个人直觉又好，我也喜欢抓本质。所以我对产品的贡献是以重度用户的角度去贡献。

另外我这些年创业，微信好友从一两百人加到 5000 人，绝大部分是因创业而加，大概包括十分之一的投资人，百分之二三十的求职者和百分之六七十的创业者。因此我有一个非常好的用户沟通的管道，两三天就有一个人提醒我，哪个地方你看能不能这样弄一下。

李翔：就是给产品提意见？

赵鹏：嗯。然后我就想想，差不多听着有点意思，我就会跟磊哥说一说，跟卷卷（一位产品经理）说一说。干不干是人家的事。既要充分尊重产品经理的自由意志，同时又要坚定克制，饭碗不能往地上摔，慢慢就形成大家的一个习惯了。

李翔：你作为一个 BOSS 直聘特别重度的用户，你认为你给出了这个产品哪些重要的迭代点？

赵鹏：并没有哪件事情是我直截了当给出的。我自己作为一个招过 N 多人，也开过一些人的资深管理者，在我们平台发一个心理咨询师的招聘需求时，其实不知道我要招一个什么样的人。在我们平台发一个公共关系策略专家的招聘需求时，我其实也不知道我要招一个什么样的人。只有在跟这个人遇到，又跟那个人遇到的过程中，我才逐步清晰我要招一个什么样的人。这是我作为一个重度招聘者，发现的这个领域的一个特点。

李翔：它反映在产品上，呈现出的改进点是什么？

赵鹏：你首先得承认，招聘和求职这个事情有一个非常大的特点，就是用户经常不知道自己到底确切要干吗。这就让这个事情变得非常困难。对这个东西是要有敬畏的，不是说长宽高、颜色、价格排序，最后就锁定在五个中的一个。这是完全不同的业态。我们在推荐和生态，以及用户满意度的管理上，保持着足够的敬畏。我们其实很多都不懂。所以要跟用户一起去成长。这是我作为重度招聘者的深切体会。我算懂招聘的吧，结果我发出职位的时候，包括面试人的时候，我也不完全知道我到底应该怎办，何况很多刚开始发职位招人的人。

李翔：这个问题，或者这个痛点，反映在产品上有解决方案吗？

赵鹏：就是与其推一个你认为用户要的人，不如逐步了解他想要什么样的人。

前提是我得有供给能力，求职者供给经常不足，因为招聘者常招，而求职者不常找工作。一个招聘者招一年特正常，一个创业公司的老板，从天使轮开始连续三年都是重度招聘者，可是一个求职者不能天天找工作。而且求职者跟招聘者的比例关系没有那么悬殊，6亿上班族，4000万企业，一个企业按照平均3个管理者去算，就是1.2亿的管理者，这1.2亿人每年每人要出现100天，就是120亿人次，这是招聘者。6亿上班族能出现多少天？白领两年换一份工作。所以求职者常不足，而招聘者常有，这是由出现频次决定的。

李翔：但是技术和产品的改进方向，应该是匹配越来越精准吧？

赵鹏：干着干着就精准了，一方面你要给他他要看的，另一方面也通过给他这个，再看他实际要看什么。你大概得有一个合理性，他要找一个 JAVA 工程师，你不会推一个地产销售。但是某个 JAVA 工程师之后可以转产品经理，可以干搜索，搜索干得好，他有 NLP（自然语言处理）的底子，也许之后可以干推荐，这你就不知道了。对我们的启发就是，给他个大概，然后天天跟着他，看他到底要干吗。

李翔：你们根据什么来度量或者判断你们的推荐算法是在进步呢？

赵鹏：你给了他这么多人，他愿意跟其中多少人聊天。当他愿意聊的时候，对面有多少人愿意聊回来。包括后面会不会约面试。

组长和委员会

李翔：你们产品委员会的工作是什么？

赵鹏：它有两个责任。第一责任是努力使我厂成为最有利于产品经理成长的厂。一个产品经理有一技傍身，有一天离开我厂的时候，十分有竞争力，这是组织成长。第二责任叫看守我们的用户信仰和我们基本的产品方法论。

技术委员会也一样。如果我厂的工程师在同等岗位工作同等年限之后，在市场上找工作极具竞争力，那这个委员会的工作就是成功的。它是以成长为核心目的的。

当这个标准存在的时候，大概率这个人是不会走的，因为没有人在职业收获期，所有人的所有阶段都是职业成长期。这里最有利于成长，他为什么要走呢？除非有人遇到自己的职业瓶颈期。

李翔：我记得你提到过，你们没有类似于产品总监、技术总监这样的 title（头衔）。

赵鹏：我们叫组长、大组长。我们家没什么官儿。但为便于"货币通行"，该有的 title 是有一些的，主要是一些相对外勤的部门。内部有些部门在招聘时，为了便于人家看懂，也会有一些通行的组织架构。但我们真正管理上运转的是组长、大组长两级。这两级其实都是组长，组长一级，员工一级，基本上公司就是非常扁。

组太大了，就拆开。带得过来就自己带两个组，当大组长。带不过来，超过了能力范围，自己就当一个组的组长。所以我们不弄一堆"官"，"官"在企业里面是非常害人的，企业一定不是靠权力去驱动的。

李翔：包括你刚才讲的产品委员会、技术委员会，在公司算实权机构吗？

赵鹏：比如 T4 要升 T5，凭什么升，经过什么程序升，技术委员要出规则，还要组织评审，然后要分几档。一档叫该 T4 不升 T5，则天理不容；该 T4 若升了 T5，天理不容；该 T4 处于可升不可升之间。这其实也算很大的权力，是程序性的权力，是制定规则和维护规则严肃性的权力。

一个新功能的开放过程

李翔：我看到你在外面某一年发言的时候讲，2018 年你们上线过一个产品，叫 BOSS 直猎，是做高端猎头服务的。

赵鹏：后来叫直猎邦，就是请符合游戏规则和法律规定的猎头在平台上跟求职者和 boss 搞起来。

李翔：它是一个成功的创新吗？现在回头看的话。

赵鹏：从他们服务的求职者的角度，以及被服务的求职者的满意度调查来看，这个产品相当地 work。我们的标准比较苛刻，首先你一定要有国家合法的人力资源中介服务许可证。其次你说你是在给谁家招人，比如给字节招的，给阿里招的，你一定要拿出合同。最后你再说明你是哪个猎头公司的，你把你公司的若干证照，以及你自己属于这个公司的若干证明材料都提交清楚，你就可以开工了。

李翔：这个产品的想法是谁提出来的？自上而下的，还是自下而上的？

赵鹏：我们叫 BOSS 直聘嘛，最早是来了一个中介，用户就 diss 我们说，什么直聘啊，这不有第三方猎头吗？这就使我们非常警惕，很长时间就不想让这些人上来。但是后来我们想通了一件事情，你叫 BOSS 直聘，是因为你提供了一种选择，可以让用户跟招聘者直聊，这是不是意味着你要帮用户放弃其他选择呢？这个人年薪 45 万，研究生毕业 6 年，平时猎头打电话给他是 OK 的，在你这儿就不 OK 吗？所以你提供的是一种更丰富的选择呢，还是你就故步自封了呢？

所以我们后来看用户规模大了，高薪人群其实一部分是愿意跟猎头交往的，猎头也能给他带来工作机会，这不挺好嘛。所以就把直猎邦弄出来了，是这么一个渐进的过程。

原来见猎头就封账号，封了以万计的数量级。在那个年代是让 BOSS 直聘这个名字更清晰一点。在后来这个年代，你已经非常广谱地服务不同行业和不同收入水平的求职者了，这种情况下，谁能服务求职者，谁就是咱的朋友，你提供充分的选择性就好了，他愿意挑谁就挑谁。有的人明确表达我不需要这个服务，你就不要再推给他了。选择权在用户，不在我们。

李翔：所以开始的时候封猎头，也是阶段性正确的。

赵鹏：是阶段性正确的。这使你在用户心目中的认知，在你成长的阶段，保持了一定的差异性。同时也使认知你的那部分用户不用天天 diss 你，所以那个阶段是正确的。

李翔：后来你们修正这个决定，需要经历什么流程吗？

赵鹏：我们其实是先放一部分猎头进来，这个放的过程是我们自己去 BD 的。就是按照前面说的那些要求拉名册，中国有点规模的猎头企业拉了一个遍，然后一个一个跟人家谈，你愿不愿意公司进驻啊？我们现在准备开放一个直猎邦，有很多新的功能。然后人家说我愿意啊，咱们就登门拜访，验明正身，讲明纪律，都弄好，大家签好协议，白纸黑字，然后你就进驻吧。完全跟我们过去的走法不一样，之所以这么慎重，也是觉得要先放一部分进来试试，再看用户的反馈是什么。最后用户的反馈是相对正向的，我们就开始扩了。后来放开也是小心翼翼的。

李翔：这个决定需要产品委员会讨论吗？

赵鹏：讨论过不止一次，大家要充分发言，这个东西的利弊是什么。当然还有一个决策依据的压力，因为决策者总是不太愿意承认我过去做错了。所以你刚问的时候我想了想，还是说了一句实话，阶段性正确。我也不想装腔作势地说，当时就是做错了，我们勇于改正。确确实实是阶段性正确。后来要做也是小心翼翼，也是讨论过很多次的，一点一点试。试过以后，C 端用户说开心，然后就开始扩。

李翔：大家要投票吗？

赵鹏：到不了投票的地步，基本上觉得是这么回事，就试吧。A/B test（测试）不就是和稀泥吗？ABCDE test 就叫不决策嘛。假如说今天一颗子弹一条命，你还 A/B test 吗？你就得决策了。

李翔： 反对它的原因主要是什么？会冲淡 BOSS 直聘品牌的含义？

赵鹏： 因为历史上用户各种 diss 你，HR 经理代表老板来招聘，这是可以接受的。你现在突然来了一个中介，是几个意思啊？这个东西是被 diss 的。

李翔： 高端猎头的工作可以由平台型公司完成吗？

赵鹏： 人家的劳动我们替代不了。不管对求职者还是招聘者来说，做得好的高端猎头其实有一点贴身陪伴和顾问的意思。他非常了解这个老板要招什么人，他跟这个求职者切磋了三年，这个求职者会跟他说最近想换个地方，接下来的想法大概是想得到一些什么，你帮我留意一下。他们之间这种交往是挺古典的顾问式服务，是非常复杂的人类劳动，我觉得机器是干不了这个事的。

人和资本

所有创业公司都必然有着同样的诉求：找到最优秀的人，找到尽量多的钱。面对各大厂的争夺，赵鹏是如何让自己的公司对人才具有吸引力？又是如何说服投资人不断相信他和他的团队？

团队

李翔：我想再回到早期的时候，2013 年，你的创始团队那些人怎么来的？

赵鹏：朋友、老同事，或者老同事强烈背书。我们现在的高级技术管理者某同学就推荐了我们现在的 CTO 来管他。

李翔：这个创始团队有多大？

赵鹏：五六个人吧，没有人走，创始团队都在。都是一度人脉或者一度人脉强烈推荐，这个一度人脉还不是一般的，一定是共过事的。

李翔：就是因为信任会特别特别重要，在创始团队里面。

赵鹏：首先你确定这个岗位人家是 work 的，其次是没有什么沟通成本。因为企业最大的成本是沟通成本，企业任何的组织架构设计，汇报线设计，只要让沟通成本变高的，就一定是不划算的。所以有一拨人沟通成本趋近于零，那"三人成虎"根本就不成立。倘若三人足以成虎，那这个企业就不用"干革命"、不用干工作了。

李翔：早期组建团队的时候，要保证你的沟通成本非常低，方式是什么？就是一度人脉强推荐吗？

赵鹏：首先你创业就是要玩命啊，拿不可逆的最宝贵的资源去做一件事，你得珍惜吧。所以你也要珍惜人家。你一定要提前想好了，咱俩在一起是能搞这个事情的。在这个情况下，再看咱俩之间的沟通是不是已经到了没有成本的地步。两个条件都具备，你再看人家现在愿不愿意跟你一起搞这个事情。第一个是能力项，第二个是缘分项。而且能力项强的人不会在那里闲着等你请，所以都是从岗位上请回来的。

李翔：你怎么打动这些人的呢？既然他们已经有自己的事情在做。

赵鹏：人一辈子要干件正事。分钱是必要条件，不分钱谈情怀纯属耍流氓。但是分钱又不是充分必要条件，还得觉得咱要一起干件正事，干件大事，这是每个人都期待的，然后大概讲清楚就好。

当然人家也要相信你这个家伙脑子是够用的，考虑事情是清晰的，建立组织的能力是具备的。假如这个事确实靠谱，但是您这个老大有点不靠谱，人家也会客气地说，我现在确确实实走不开，我帮你推荐几个人，也正常。

李翔：早期组建团队的时候，让你自己比较痛苦的事情是什么？

赵鹏： 说实话还好，这是老创业者的优势，归根到底在职场中攒了 20 年人品，不用从头开始。不管是投资人江湖，还是经理人江湖，还是创业者江湖，你都存了点信用额度。所以早期创始团队的组建，还有前两拨钱的取得，应该都是攒人品的结果。

李翔： 你们创始团队都是像你一样非常资深的，还是说有很年轻的？

赵鹏： 那一年 CTO 31 岁，产品 29 岁，其他都是 20 多岁，就我老点吧。家有一老，如有一宝。（笑）把大家服务好，把钱弄回来，把游戏规则弄好，保护好大家，这是我这个老同学擅长的事情，包括有点风险，我顶住，让大家开心一点。

李翔： 你们沟通没有障碍，是吗？

赵鹏： 你多从人家的角度想一想，然后有话直说。伙伴之间交流简单、真诚、磊落、洒脱。简单是我想要什么就说，真诚是别装，磊落是自己人有点毛病正常，洒脱是行就行，不行就不行，别纠结。有话直说，跟一个人有问题当面说，别你跟他不谈，跟谁都谈。能站着说就别坐着说，能坐下来聊就别打电话，能打电话就别发微信，能发微信就别写邮件，能大白话就别写文言文。上面全都是我们家正经八百讲过的沟通原则。

分权而治，各干各的

李翔：有一个不太恰当的比方，之前有人跟我说，华为创业时，任正非任总跟团队的大部分人是有年龄上的差异的。从一开始，任总在华为就拥有一个长辈的权威。我不知道，你们团队会有这样的感觉吗？

赵鹏：我不能说没有，但我有一些游戏规则去克服这个东西带来的坏处。举两个游戏规则的例子，第一，我们家不是授权管理，授权管理是"耍流氓"，我们家是典型的"分权而治"，基本上谁的事谁说了算，这是从我跟我们这些人的分工的角度来看。

第二，体现在审批流上叫作能不批就不批，为此还专门讨论了审批流。我们把审批流分为真批和假批。真批是什么意思？这个上级比你懂，比你懂的人帮你批，是有意义的，他知道怎么批，批还是不批。倘若这个人并不比你懂，需要听你做30分钟 brief（简报），学了你知识的60%，或者碍于面子批了，或者偷懒批了，这就是假批，最好不要有，假批就是一个企业

熵增 ① 的重要开始。而且，就算比他懂，产品中心、算法工程中心、市场中心，这些组开展工作，我们也不批的。分权而治，各司其责，在弄清楚三个在不在的前提下，就各干各的，就是这么一个局面。

用这个来克服什么呢？2016 年的时候，他们会说，"五旬老人最近又说了个啥"，一定要克服这种东西。

真正克服是做不到的，你是 CEO 嘛，归根到底，组长以上干部晋不晋级，涨不涨钱，发不发股票，发多少股票，还是你在做决定。所以一定需要用别的东西来制衡。

创始人这种"鬼东西"其实是非常危险的。为什么？一个企业的创始人理论上是无所敬畏的，除了国家法律不能触犯，跟董事会说好的不要去碰，其他谁管你啊？一不小心就没有人管着你。一个企业 200 人，就觉得自己是神一般的存在，这是创始人这个物种。所以企业文化和企业规则千万不要认为是用来管员工的，一定是用来管创始人的，明明白白说好，贴到墙上，就不要去犯。权力是非常害人的东西，创始人是一个有权力的岗位，所以千万要管住自己。我们家的一个方法就是各干各的。

我们家有一个 OKR（目标与关键成果），叫用户满意。吾日三省自己，吾的用户满意吗？吾今天服务的用户满意吗？

---

① 自发的、由有序向无序发展的过程。

今天吐槽吾的用户如何能够满意？在这之下，至少组长以上干部，都知道自己有几个 headcount（职员总数），今年能花多少钱，再经常问问自己那几个在不在。综上就可以自己管自己了。

李翔：你们有多少组？

赵鹏：我们总部有 100 多个组。

李翔：每个组大概多少人？

赵鹏：5 人到 20 人不等。

李翔：组上面是什么？

赵鹏：大组。组和大组。

李翔：组、大组，然后呢？

赵鹏：没有然后了。各种委员会是一个联络组织，是规则的制定和看守者，委员会不是一个机构。

李翔：大组组长向谁汇报，向你吗？

赵鹏：我有 20 来个汇报人，但是很多人也不需要天天汇报。很多人知道 OKR，知道公司大概规则是什么样，就不汇报了，两个月见一面也挺好的。

李翔：像分权这种游戏规则，是你开始找创始团队这些人的时候就已经出来了吗？

赵鹏：其实是基于我一个理性的判断。我们这号人在全世界的同行已经干了 17 年的情况下出来干这件事情，唯一的活路就是去创造，不创造就没有活路，而创造这件事情的本质是，它一定是踩坑踩出来的。所以你要确保怎么有利于大家去踩坑，你要确保踩坑前回答三个在不在，只能这么干。

研究在一个企业组织中如何自上而下地创造，通常都是要流氓。因为它违反了规律。创造就是布朗运动[1]的结果。还没创造呢，就知道要创造什么，都是胡扯的，会丧失很多发现。

所以，我们要有活路就得创造，创造就必须是布朗运动，布朗运动就必须是小组织，小组必须自己说了算，最大的风险是三个在不在，回答清楚就好了，这是我们的创造方法论。

李翔：自己说了算，算到什么程度？比如大家比较通俗的理解是人事权、财权这样的。

赵鹏：小组的 headcount 是商量好的。人员的薪水也是有规则的。我们家 M 序列一直到 M7.2，每个级别到底挣多少钱都是清楚的，然后再结合这个人在市场上应该值多少钱，以人家开心为目的，不以节约为目的。M7.2 就是公司的 CFO、CTO。M 序列之外，还有 E 序列，也就是专家序列，参照了我们的 T 序列，我们的 T 序列根据市场 95 分位以上的标准设定薪酬[2]。如果 M 序列没有办法安排，比如他一时半会儿不愿意带

---

① 指悬浮在液体或气体中的微粒所做的永不停息的无规则运动。
② 指参照同行业顶尖标准设定薪酬。

团队，那就走 E 序列，E5 就挣到天上去了。所以基本就是规则，明明白白有规则就好。习惯也是规则。

李翔：E、M、T 的职级，是你们自己做的，还是请咨询公司做的？

赵鹏：自己做的，自己做也跟咨询公司一样。比如 2015 年做 T 序列，就深度参考了百度的 T 序列，从岗位说明书到实际承担职责，到怎么晋升，到应该挣多少钱，中位值是多少，基础值是多少，高位值是多少。研究完了之后，再去对应比如腾讯 M3.3 前端工程师应该是什么样，岗位职责说明书是什么样，应该解决什么样的问题，有什么样的收获，反过来再去研究阿里的 P8 约等于百度的 T7，在工程师序列里，大概看一下，然后就发明了自己的 T 序列，每年把不合适的地方再稍改一改。所谓不合适的地方，就是随行就市涨工资，其他没有不合适的。

找人时看什么

李翔： 你们早期找人的时候比较难挖到的是哪种类型的人？

赵鹏： 我觉得都还好。其实就是迁转成本高的人难挖，因为人家的决策成本太高了，这个成本往往是机会成本。比方人家已经是某厂高 T，跑去你们家万一折了，就成为人家职业生涯中的一个污点。这种人就比较难。但是我们其实也不完全冲着这拨人去，我们更多看 ability（能力）层面，然后看一些 skill（技能）层面的东西，我们不太看 experience（经验）层面的东西。看 experience 就是看工作经验，当你看这个人的工作经验时，其实你想看的是他的 skill 和他的 knowledge（知识）。有的人用 10 年也堆不出 skill 和 knowledge，只是在某大厂"累官故不失州郡"而已。凡是能用长时间买到的 experience，都要小心。但是 ability 的东西就有点厉害了，有点天分的东西在里面，skill 就要看真知灼见了。

李翔： 对，能力很难判断，所以就通过经验看了。

赵鹏：因为我们一直不太崇拜谁在某厂是某官、多长时间什么的，反而愿意看一点本质，比如是否是一个真诚的人，对自己是不是真诚，对友谊是不是真诚，对责任跟事业是不是真诚。这是在 ability 层面的东西。再比如这个哥们儿好奇心重不重，遇到事情总会说这个我以前见过，还是说这个东西有意思，让我弄两下。或者同一个问题过两三个月就跟我说，我给你讲一个见解，那个事情其实是这样的。你把符合你标准的这种人都集中起来就好了。

李翔：当然很多人都会说，他们找人是希望看能力，而不是看经验和背景，但因为看能力是一个很难做判断的事情……

赵鹏：我给你说说我们家聪明、正直、勤奋、上进的"地方粮票"的解释①。先说聪明，我们有一次专门揪住一堆人在公司三楼的 2 号会议室，在玻璃板上写，你认为的聪明是什么。写了一墙。企业要找聪明人，天经地义，可是工业上什么叫聪明？记忆力强、举一反三、一通百通、融会贯通，这都叫聪明，没毛病。但工业生产上什么叫聪明？我们苦思冥想也没答案。有一天晚上读《利维坦》，那哥们儿对聪明做了一小段解释，我注解了下，拿回来定义我们工业上的聪明。

第一，总是能明白人家啥意思；第二，总是能让人家明白

---

① 指有公司特色的解释。

自己啥意思；第三，遇到一个课题能够相对快速地形成思路去解决；第四，始终能稳在重点上，不机会主义，不跑偏。综上，在一个工业生产的环境下就是一个聪明人。将来有机会可以再迭代。

什么叫正直，也是仁者见仁，智者见智。我们讲的工业上的正直是指，这个同学本能地、自然地是个心口如一的人。在工作环境中，他最舒服的姿态就是言行合一，那他在组织中就是个正直的角色。但是假如习惯性地心口不一，那他可能是个非常厉害的人，但是很难成为一个组织的有机组成部分，一不小心就会伤到很多人。所以有一些我们比较土的、特定环境下的操作标准。否则你去解释什么是聪明，完了，没有共识。

李翔：我跟沈鹏聊，他开始创业的时候有个思路，找某个领域的人，就对标业界这个领域做得最好的公司。比如我要挖技术领域的，就对标百度，肯定找到符合我要求的人的概率更高。

赵鹏：技术上一个人非常优秀，但在他的工作领域长期被埋没，这种情况通常是一个假命题。一个厂子可能最近在战略上遇冷，但是人家能够从零崛起到这个地位，一定是下过童子功的。如果是一个技术公司，那它在工程师文化和工程师培养上，也一定是下过童子功的。在这个层面，一个人永远起不来，非说是这个企业文化有问题，埋没人才，通常不要相信，不要有侥幸心理，这是一个负面的例子。

正面去看的话，说实话，今天干推荐干得很厉害的，很多是搜索的底子，你非要一个干推荐干了15年的人，真要不着。就像我们2015年的时候，一个哥们儿发一个JD（岗位介绍），我现在还记得，叫iOS开发经验五年以上，我当时就哭了，2010年谁给你培养iOS开发啊？

你如果请一个搜索工程师，搜索干得好的厂，说实话就那几个，人家天天给你培养人才吗？有一个明白人，你能跟他把框架讲清楚，他有一个扎实的JAVA底子，怎么就不能干？

其实工种不断在迭代，不断在革新，你要对个标的话，最好对一点ability层面的。锋哥（一位算法工程师）告诉我，判断工程师特简单，上大学的时候认真练了童子功，认认真真敲了几年代码，认真琢磨计算机是怎么工作的，人跟计算机是怎么工作的，然后到现在为止，虽然已经30多岁，仍然以敲代码为乐趣，尚未出现"敲代码敲下去永远敲不过年轻人"的中年危机，这就是好工程师，熟不熟悉你们家的路子，没关系的。

信任要勇敢地给

李翔：你自己有挖人挖得比较痛苦的时候吗？

赵鹏：不是痛苦，是等待吧。就是你要跟迁转成本高的人合作，得承认人家是冒了险的，人家的机会成本是很大的。所以你要敢于信任。信任这个东西不是用嘴巴说的，要让人家感受到。我们自己要敢于给信任，然后要勇敢地去等待。

你只要敢相信这个企业某一天会让他认可，你就敢等他。我等薛博士（BOSS直聘职业科学实验室主任）等了26个月。他还在加拿大某大牛实验室负责深度学习时，我们俩就开始慢慢接触了。我等飞哥（一位产品经理）等了13个月，我等文艳（一位算法工程师）等了整一年。

包括宇哥[①]，从我觉得跟他可以谈，到他真正来，隔了三年的时间。这三年每次他回北京过年，每次我去香港开会，我们俩一定要留足一个下午，甚至一天的时间，他拿着小本本，我拿着小本本，聊上一次切磋过的事现在什么样。说白了是我考

---

① BOSS直聘CFO，曾供职于瑞士银行资产管理公司。

察他吗？有。人家考不考察我们？更有。这对人家来说是极度重大的决策。我们有一个人没请对，只是员工总数的两千六百分之一，人家一个事没做对，三年放进去了。所以请人的时候要真诚，要勇敢地给出信任。人家暂时不 ready（准备好），咱要等待，人家肯观望，这是好事。然后二十六个月的时候人家来了，咱也不觉得晚。所以与其说痛苦，不如说等待。

李翔：信任的外在表现是什么？

赵鹏：他跟你说的你要相信，不要第一时间去质疑，不要去想其实是什么意思，不能这样想问题。如果是这样的心态，你就没有办法跟别人处了。两个人要建立信任，请问谁应该勇于冒险一点，把后背亮出来？当然应该是"厂长们"先干这个事了，你皮糙肉厚的，你先干啊。

你让一个年轻人先向你证明以后某个事你可以信任他了，证明他是值得你信任的人，这话听着是正确的，但在实践中根本就行不通。你怎么能让他走投无路到天天需要向你证明？不是有那么一句话吗？"君以国士待我，我必国士报之。"君以"天天需要我证明你能信任我"待我，那我就打酱油、骑驴找马。然后你再指责我摸鱼，没意思。

所以我坚信信任是给出来的，总要有一个人先给。两个人都在玻璃瓶子里互相观望，最后就是悲剧嘛。所以人和人之间的信任，勇敢地给。

李翔：比如你刚刚举的很多例子，无论是二十六个月还是三年，整个过程是怎样的？是开始的时候大家没有把话说死，然后保持可能性？

赵鹏：我们要跟人家说我们是谁，这地方是一个要创造什么样价值的地方，你能发挥的是什么，你能获得的成长是什么，大概有一个匡算。否则你就是凭空去请人家。然后人家说愿意跟你继续交流，那你中间就按频次交流，人家有空就聊聊，其实也是为了加深了解。

朴实而有华

李翔：你在找这些人，或者挖人的时候，觉得他们有什么共同的特质吗？

赵鹏：我觉得我们能走在一起的人都有一个挺强的特质，就是朴实而有华。我不承认朴实无华这个词，光华一定会显露出来，除非你是个盲人。不朴实而有华，其华不可长久，其华也未必真。所以我们相处比较久，大家也比较舒服，逐渐就互相在心里存了一堆 credit（信任）的人，大体底子都比较质朴，与此同时又是有光彩的人。所以这种人就容易相互吸引。

跟年龄有关。我这个人年轻的时候偏跳脱，就是脑子比较快，视野也比较广。我是活着活着吧，就觉得朴实而有华是特别好的境界。有华往往是爹娘给的、运气给的；朴实一部分是爹娘给的，多数要靠自己看住。有华和朴实有时候是矛盾的，朴实不会导致无华，有华往往会伤害朴实。人要看住自己才好。我这个岁数了，现在是越来越踏实的一种感觉，心里面越来越安静了。

李翔：年轻的时候主要是有华吗？（笑）

赵鹏：年轻时就是觉得自己学东西快，干个工作领导也经常表扬，业绩也不错。但是脚踏实地这个劲儿真的还是岁月给我的，就是越活越脚踏实地了。

李翔：你觉得朴实容易辨识，还是有华容易辨识？

赵鹏：都不难，以我的慧眼都不难。（笑）当你用心去看对方的时候，还是能看到更多的。

李翔：这些东西都没法度量，是吗？

赵鹏：诚意这个词出自《大学》，正心诚意。一个人对自己真的有诚意吗？一个人对友情真的有诚意吗？一个人对手上这盘事情真的有诚意吗？一个人对自己的愿景真的有诚意吗？有诚意的人是能感觉出来的。我们家的人性格各异，但是诚意这个东西互相是能感觉出来的。

李翔：我发现你喜欢用"我们家"这个词来说自己的公司。

赵鹏：我们厂，我们也不是家，我们是一个厂。

李翔：顺便问一下，你怎么看奈飞那个著名的说法，公司不是家，是一个运动队，因为家的话你需要照顾所有人，运动队就是谁强谁上。

赵鹏：当年的晋商文化中有比较先进的几句话，挺有意思的。第一句话叫"用乡不用亲"。就是晋商掌柜的去包头开了一个皮货店，皮货运回来，粮食运过去，请人经营时叫"用乡不用亲"。乡就是乡里乡亲，亲就是有血缘关系，不出五服。这句话很有意思，很重要。为什么要用乡？这个人的进入成本低，所谓乡，很容易打听出来，不是内推也是半个内推，内推的本质不是对才干的背书，而是对人品的背书。所以用乡也就是找俩人打听，两度人脉，就能知道这是个啥人。为什么不用亲？用亲退出成本太高，你能开除你的侄子吗？所以用乡不用亲，其实是对家文化的否定，在明末的时候就予以否定了，尤其中国这个家文化，经常被人一不小心就解读为家长文化，这个没意思。企业就是企业。

晋商文化中的用乡不用亲，是我听到的关于企业文化的最好的解释。亲戚不能放到公司，同班同学往公司放也要小心一点，因为一个宿舍的兄弟，跟亲兄弟也没有多大区别，你弄一个到公司来，也不行啊。

李翔：很多公司早期的合伙人都是同宿舍的人。

赵鹏：我只是说我个人的看法。因为人性就是少干点、多得点，没有一个人说我要多干点、少得点。你要小心这个人性。那什么人能少干点、多得点呢？跟你关系近的人。人在一起久了有感情是好事，但是当你们的感情已经到了要对抗你的规则时，那你千万得往回退一步了。从战友到朋友再到亲友，是非常美好的人生，倒过来可能就麻烦了。这都是我们探索得出来的经验。

挖人厉害

李翔：你觉得你自己是一个挖人特别厉害的人吗？

赵鹏：我有韧性，有诚意，能等待，会换位思考，我更多会想人家冒了什么险，人家有什么不容易，人家怎么能舒服。我这方面是比较到位的。

李翔：站在你的角度，你会认为哪些 CEO 挖人很厉害？哪些创业者或者 CEO，挖人太厉害了？

赵鹏：我觉得张一鸣厉害。张一鸣团队成长的速度确实厉害，而且进去的人生存和发展的概率也相对高。可能跟他正在开疆拓土有关系。挖人厉不厉害，一是挖不挖得到，二是能不能长到一块儿去，这俩都得要。也有一种人挖人厉害，空降兵一死一大片，挖回来的管理者生存概率极低。这个人可能就是挖人厉害，但是种树不厉害。又要挖人厉害，又要种树厉害，这些年觉得张一鸣是一个例子。

李翔：就是他这两点都很厉害。

赵鹏：对。切忌挖人厉害，一挖一大片，一年半以后就没有然后了。这个我认为害人害己。所以我觉得一鸣厉害。

李翔：你是一个感觉还是有直接的观察？

赵鹏：我是看他事业成长的速度。安得猛士兮守四方？人家那四方都守得挺猛的。

李翔：对，我跟他聊过，他也会讲，都说我们市场上挖人很凶，但其实你看我们没有挖过什么特别 high profile，就是特别光鲜的人，这种其实很少。

赵鹏：我们叫 ability 层面的东西，挖人之前，先想好人家三年以后是不是开心满意。咱有这个条件，咱有这个动作，咱有这个规则，咱有这个文化，那咱好好跟人家谈。暂时不来，咱等得起。

李翔：你在跟一个人聊的时候喜欢问对方什么问题？

赵鹏：就是东聊西聊。你挖一个人的时候，千万不要觉得自己是什么厂长，你是在让人家冒险。东聊西聊的，就有感觉了。

李翔：因为它有一个匹配的过程，你不获知那些信息的话，就很难判断三年以后还能不能在一起。

赵鹏：我觉得这也跟我的阅历有关吧。像我们这个岁数，五十而知天命了。天命，我的理解就是一个人与这个世界上的其他人、与这个社会互动的规律。对人与其他人、人与这个时代互动的基本规律的理解，我觉得跟岁数有关。

做一个事的人，攻克一个难题的人，不需要有那么多的经验。但是管一堆人的人，我觉得有点年龄、有点阅历是好事。所以你让我弄一个 24 岁刚毕业两年的人去一个分公司管 100 人，我真的不敢。他需要时间去积累对人与人之间互动规律的认知，甚至直觉。但是有一个技术难题放在这儿，一个 24 岁的人给办了，一点都不奇怪。

技术人才和推荐算法

李翔：如果说你们公司，包括你自己，要输出一套方法论的话，你觉得会是什么？它其实就是你们这个公司最大的技能点。

赵鹏：我觉得就是前面讲的创造的方法论。找好边界，各干各的。要坚信创造的本质是布朗运动的结果，千万防止在顶层设计之下领导一次企业内部创造的过程。这个东西如果有一天真的能输出的话，我觉得应该对老大型企业——不是指地位的老大，是又老又大，以及想干点正事、想改变点什么、想实现点价值的人，都会有意义。

李翔：之前看你的一些采访，你们内部会讲什么再也不怕张一鸣了，再也不怕百度了，是因为之前在技术人才的招聘上遇到问题了，是吗？

赵鹏：政策是用来干什么的？是用来降低管理者解决问题的门槛的。那么把技术人员的薪资在2015年的中位值直接对标百度，是一个好政策，可以使我们的技术leader（领导）和我们的招聘者降低招到好工程师的难度——当然并不解决他能不能招回来的问题，要想招回来他还得思考。但是你不出这个政策，他也不知道该怎么办。后来随着水涨船高——这是这些年中国科技公司发展带来的一个结果，不出几年，一鸣变成了这里面最凶悍的人，所以我们就要把同等技术水平、同等ability 和 skill 的人，对标到凡一鸣兄出得起钱的人，我们要更出得起钱的地步。田忌赛马还是可以较量一下的，不是说一定能赢。

李翔：效果怎么样，能解决吗？

赵鹏：我们执行的政策是，T5 工程师放在我们家的话，薪资中位值约等于百度 T6、阿里 P7。再辅之以其他，效果甚佳，确实把难度降下来了。人要愿意跟你谈，你先把钱谈明白再谈别的，钱没谈明白，上来就谈别的，不是耍流氓吗？把这个政策放下去，对我们高级工程师的密度建设有很大帮助。

政策是干吗的？政策是让一件事情整体变难，或者整体变容易，它是一个系数。具体的你们再具体干。不是说我有了这个政策，这个问题就解决了，没有这么简单。

李翔：包括你们一开始就选择当时来看非常时髦的推荐算法，理论上也是需要比较高的技术配置的吧？

赵鹏：一鸣兄的某部下的某一篇笔记中讲到，千万不要相信这个东西有多神秘，0到1的时候就是一个工程师的用户信仰和业务手感。那篇小笔记我还扔到我们工程师群里给大家看过。我特别相信这句话。

李翔：所以开始就是信仰加手感。

赵鹏：他要有用户信仰，心里面要有用户，不能说我就要这样弄，那可能是 ego（自我）太大但看到的世界太窄，这种就属于没有用户信仰的开发者。开发者一定是我要怎样弄关系不大，用户是怎样的关系才大。

什么叫业务手感？你干视频推荐还是干商品推荐，干内容推荐还是干人才推荐，算法都大差不差。中国没有一个企业生产源头性的算法，但是一旦跟业务结合起来，就不是用算法解决问题了，是业务和算法在一起解决问题了。

所以要有一拨工程师是有用户信仰的，同时积累了业务的直觉和手感，这个过程就是一个企业推荐能力提高的过程。离开业务场景，离开解决实际问题，离开创造价值，那不是企业，是实验室。企业当然可以供养实验室，但既然是企业，就不要离开工业谈别的。

李翔：所以我可不可以这样理解，这个事儿难度也没有那么高，它需要过了一条水平线的技术人才，再加上业务场景不断迭代，然后就做出来了？

赵鹏：拼命说事情有多难的人，分为特别懂的和特别不懂的。特别懂的是为了吓唬人，自抬身价；特别不懂的是被吓唬住了。其实哪个领域都一样。今天一堆非工程师和一堆工程师在一起搞事情搞那么久，我是偏业务的，弟兄们是偏智能的。你说难嘛，这个事情是可为的，而且已经为了不少东西；你说不难嘛，一个求职者不知道自己实际上要干吗，你说难不难？

再比如双边推荐难不难？你给一个人推荐了一双鞋，只要他喜欢，这个鞋不会跳出来说：等等，你喜欢，但身为一双鞋，我不喜欢你，我不想让你穿。你给一个人推荐了一双鞋，这个人不喜欢，那双鞋也不会说：好有挫折感哦，他不喜欢我。但是双边都是活人你试试？没有人干这么难的事。

李翔：是人和人的匹配。

赵鹏：一个人和一双鞋，一个人和一篇文章，一个人和一个短视频，统统都是单边推荐，人和信息或者人和物。但双边推荐不是 1+1=2 的问题，可能是 2 × 2=4 的问题，非常复杂。再加上招聘和求职其实是我不太知道我精确地想干什么，得聊着聊着，看着看着，谈着谈着，最后才知道，非常难。难，总得有人干，100 分的题我们做了 15 分，就很有信心，继续再做到 70 分、80 分。

李翔：感觉这个算法也可以适用到婚恋市场，因为也是人和人的匹配。

赵鹏： 凡是低频次且重大的决策，大概都难。什么叫重大，一旦决策之后，修改的成本很高，决策错了，机会成本很高，这叫重大。买房自住也是这个情况，一个人一辈子买几次房？结婚也是这样，求职也是这样，请人也是这样。所以这几个事情难搞。

个人在一件事情上形成个人化的决策经验，且越来越会决策，且决策之后收益越来越大，一定是需要频次的。比如你喜欢秦汉史，读了很多，那在书店看到一本讲秦汉史的新书，翻几页你就大概知道作者靠不靠谱，你爱不爱读。读书是我们一个非常高频次的行为。

但是假如有一个人说，我告诉你，我是结婚达人，因为我结过八次婚。那别人会说，你结过八次婚，还好意思说是结婚达人，这说明你不会结婚嘛。所以结婚没有达人，买房自住没有达人，求职招聘没有达人，因为没有个人决策经验积累的过程。这就一定需要在特定条件下，基于"人工+智能"，帮助大家把这件事情变得好一些。

投资人的问题

李翔： 你们的融资过程算是比较顺利的吗？

赵鹏： 后来有点顺利，开始就很不顺利，开始阶段回答不了一个问题：你现在的盈利模式是什么？

李翔： 这个"开始"延续到什么时候？

赵鹏： 延续到 E 轮的时候，这个问题就不再是一个问题了。在此之前所有投资人都要冒很大的风险。

李翔： 是哪一年？

赵鹏： 2018 年的年底吧[①]。那个时候我们不存在 revenue model 的问题了。就是说跑通了，这个事可期待了，理论上说得清，增长模式也清楚，是一个看得见的、能养活自己的企业了。

李翔： 按照你前面的讲法，融资过程中投资人最喜欢问的问题就是你们怎么赚钱，是吗？

---

① 2018 年 12 月，纪源资本（GGV Capital）领投了 BOSS 直聘的 E 轮融资。

赵鹏：投资人一定会问的问题是，如果巨头弄你这个事，你会怎么办？另外一个问题是，你的 revenue model 怎么弄？是不是也要弄一个 5000 人的销售团队，卖一个 2500 块钱的会员，这么弄下去？我们不能说是，也不能说不是，我那个时候只能说我不知道。我们真诚地说我们现在要把用户服务作为第一要务，挣钱的事情没有想这么多。你想想，我们有第一个 100 万元收入的时候，已经是创业两年半快三年的事了。这两个问题都很难回答，回答不了人家就不投你。

李翔：Revenue model 这个问题，那时候基本回答不了。

赵鹏：我跟我们老投资人切磋下来，就是我们现在不做这个事，不考虑这个事，我回答不上来，我也不想编故事。我们是 consumer model 先行，revenue model 后行。我不能同时做两个革新。我得先做第一个革新，用户认可了我们，然后再去想第二个革新。多说一句的话，是因为我们不少人原本有这方面的经验。这时候有的投资人就说这是合理的，我愿意陪你成长；也有的人就说，这个东西还比较早期，我们很感兴趣，保持联系。这是很艰苦的过程。

所以最大的困难是没有 revenue model，没有一个 dollar（美金）的收入，天天都在烧钱，投资人正常都会走开。到 GGV 那轮，我们没有这个问题了。后来就都还可以。

李翔：第一个问题怎么回答呢？你论证巨头不会做这个事吗？

赵鹏：没有。我就说玩KPI的跟玩命的PK，概率上玩命的会赢。另外就是，我们这一群人捆在一起，去跟人家高级总监PK，亦是有胜算的，就是田忌赛马的模式。最后再说说，你看历史上BAT（百度、阿里巴巴、腾讯）也干过很多别人家的事，但是后来别人能干明白的也不在少数。总归这个问题人家问你，是看看你的反应。

李翔：你们的融资节奏你是怎么考虑的？是按照账上要有18个月的钱来算吗？

赵鹏：不止吧。我有一个方法论：你永远不知道机会来临的时候你要花多少钱，你也永远不知道困难来的时候，你需要储备多少钱。所以多多益善，18个月是不够的。你企业已经不再挣任何钱，一毛不挣，坐花18个月，可能还成立，但把你挣的钱都算进去，18个月，不行。

当然前提是，第一人家愿意投你这个钱，第二老股东同意这个稀释，这两个条件都具备，就多多益善。

我们采取的是"小步快走"，有人喜欢我们，咱也别太骄傲。你来了，你愿意给我钱，我感激你，上一轮是多少呢，咱们聊一聊，你弄点溢价，我也不乱要。就这样半轮半轮地走，很少说哪一轮爆了，融满了，很开心，基本没有发生过。

李翔：就是不主动，不拒绝，是吧？

赵鹏：作为一个早期互联网创业公司，他愿意来看，愿意投你，这就是机遇。这时候你要涨一涨估值是为了老股东，因为会被稀释，涨一涨呢，少稀释一点，大家就开心。涨过分了，人家就会说咱们以后再说。所以我们融资，除了 B 轮，和玉资本领投的这一轮，是我们大范围地见了二三十个人以外，基本上都是投资方的老大看上了，过来瞅一瞅，大家聊得差不多，就搞一轮。后来均是这个情况。

李翔：后来就没有再主动去让 FA（风险投资财务顾问）约一堆人聊了。

赵鹏：请 FA 是提供专业支持。FA 能把你家的汉语四六句①，翻译成投资人能听懂的特殊语言。FA 在边上我们就很放心。这些年指数资本帮了我们巨大的忙。指数资本是高榕推荐的，高榕是 C2 轮进来的，高榕之前我们没有 FA。

李翔：用了就喜欢上了，是吗？

赵鹏：创业者和创业者在一起，互相都挺理解的，也比较投缘。

---

① 四六句，唐宋时期的主流骈文文体，以四字、六字间隔成句，如《滕王阁序》中的名句"关山难越，谁悲失路之人？萍水相逢，尽是他乡之客"等。四六句一度在现代公文写作中也非常盛行。

如何理解腾讯的投资

李翔：拿腾讯的投资对你们这样的公司来讲是一个特别大的决定吗？

赵鹏：比较巨大。如果把它理解成一个战略投资的话，你可能就不能下这个决定。如果把它理解成有一点战略价值的、很好的一个财务投资和战略性融资的话，你就容易下决定。

因为人们争取战略投资，通常是想去占人家便宜的，可是人家为什么要给你便宜占？人家投了好几百个 portfolio，给你便宜占？难道人家做产品不够克制吗？微信要是不克制，焉有今天？他是最克制的人之一，你怎么占他的便宜？所以不要去想占人家的便宜。

但这是有意义的。人家做产品，是思前想后才想明白的事，有时候人家一个团队过来，PM 对 PM 切磋一下，我们 PM 觉得很受益。

所以这是一个财务型的投资，只是我认为里面有战略性融资的概念。

如果单纯看成战略投资的话，就是一个很大的决定。但是战略投资这个东西理解起来就见仁见智了。

李翔：这个是谁主动的？

赵鹏：腾讯投资部看我们看了有几年了，我们互相看也看了一阵，某一年忽然就觉得现在可以小弄一下，于是就小弄一下。

李翔：你们的老投资人都没有意见？都觉得是个挺好的事？

赵鹏：我们还是开了个会研究这个事，大家提醒你作为一个创业者，不要误以为人家投了你，就能从人家地里薅很多苞米走。同时钱就是钱，你去这样想问题，做好思想准备，就还好。当然人家也要给一个体面的溢价。腾讯进来两年多了吧，就还可以的。

李翔：还可以是什么意思？

赵鹏：有所帮助，符合期望值。当一个人跟你聊战略合作的时候，通常他的意思大概就是，我想得到你的东西，但是我不想花钱。而你的理解则是，既然是战略合作，那我肯定能从你那儿得到更多的东西，我也不用花钱。所以战略合作这个词，基本上可以理解为我们要不要进行一个镰刀型合作。

李翔：镰刀型合作？

赵鹏：对，本质上是两把镰刀。所以如果有个人跟我说，我们弄个战略合作，我脑子就有点晕：你说说什么战略，怎么个合作法？中国互联网企业，大的跟小的，大的跟大的，小的跟小的，特别成功的战略合作，如果能有案例、有解释的话，应该也是挺大的帮助。谁跟谁的战略合作堪为经典，善始善终，而不是互为镰刀。互为韭菜听上去不错，互为镰刀基本上没有结果，就是比谁的刀快了。

李翔：腾讯对于投资的公司会按照持股比例有亲疏远近之别吗？

赵鹏：这是一定会有的，它在这里面放的钱多，占的比例大，当然就更希望在这件事情上至少获得更好的财务回报，或可以获得生态型的回报。天经地义。

徐新

李翔：投资人里面对你帮助比较大的都有谁？

赵鹏：政治正确的回答：都很有帮助。

李翔：展开讲讲？

赵鹏：推动和启发我，临门踹了我一脚，并且提醒我说 mobile 就是一切，然后给了我一个奇怪的 deal（交易），一个硅谷级的超级天使投资的，是策源创投。

我们的投资人跟我们公司之间有蛮多传奇的。徐新老板也是传奇。2015 年 4 月底，一天晚上十来点，我突然接到徐新电话：你在干吗啊？在哪儿啊？我说我在公司啊。你公司在哪儿啊？我说太阳宫恒川公寓，L01。那是个什么公寓？我说就是个公寓，民居。然后她说，我在团结湖呢，带着马骏和同事，deal 刚做完，刚讨论完，去看看你呗。我说那你来看看吧。

我心想看看我，哪有这么简单。过了一会儿，她让我去爱琴海（附近的一个商场名）楼下接她。

接进来以后第一个问题：你们有没有 BI（商业智能）啊？我说我们是技术公司，必然有 BI。投影仪有吗？投影仪有。那你用投影仪把 BI 投上去。

我就说那你帮我们诊断诊断。我们一堆人，那个点儿都在。看完之后她就问问题，问了两个小时。问完以后说，马骏，你拿你的电脑，借他们家打印机，打 TS（投资条款清单）。现在，老赵，咱俩找一个小黑屋谈价格。

她问我，多少 DAU 啊？我说 5000。她说稳定 5000 吗？我说摸到 5000。她说一个 DAU 算多少钱合适？我说每个 DAU 值 1 万美金，公司估值大概是 5000 万美金。她说好，我们投 1000 万美金占 20%。我说 5000 万美金是投前估值。她说，你小子学会谈判啦，那就这么定了！

所以，她们当天晚上 10：30 就开始尽职调研，搞到凌晨 3 点，一对一高管访谈，后台直接看数据，当场就签了一个"不能反悔"的 TS（框架协议），7 天后就打了过桥贷款。然后就是一个"五一"节。我要是没记错的话，5 月 6 日还是 5 月 7 日，她说你去看看你的账户，钱打过去了。

所以徐总是一大传奇，然后轮轮都跟。她是 C 轮进来的，到现在还是我们第一机构大股东。

其他人各有各的传奇。我们家还好，家和万事兴，投资人没有跟公司吵过架，也没有跟其他投资人吵过架。

李翔：说明还没有到分利益的时候？

赵鹏：简单，真诚，磊落，洒脱，从我做起，再要求别人。基本上人家说我想干个什么，你先想，人家为什么要干这个。有时候人家就是要获取某种利益，你能给就给，给不了就跟人家讲清楚为什么给不了。一次不行两次，两次不行三次，打电话不行见面，总归最后都能明白，你是这个处境，他是这个目的。能办，尽量往中间找补找补也就办了。实在办不了，他也知道你办不了，花时间、花诚意就好了。他不会说非要让你办一个你吃了天大的亏的事，他占了脚丫子那么大的便宜，不会的。

市场和竞争

在 BOSS 直聘诞生前后，同一领域内有多家创业公司涌现。产品和方法不断迭代、创新，同行之间的竞争分外激烈。在这样的背景下，赵鹏是如何建立公司的用户模式和营收模式，并不断获得增长的呢？

2011 年之后的创业潮

李翔：跟 BOSS 直聘前后脚成立的，就是 2011 年之后成立的，还有几家公司，类似于猎聘、拉勾。为什么那几年又开始出现招聘领域的创业机会了？就跟你刚才讲 1997 年有一堆公司出现一样，一定是有一个大的变量出现了，是吧？

赵鹏：我浅显地认为主要是创业潮带来的。在创业潮的年代，投资人非常多，创投型的机构非常多，同时大家对创业也比较友好。

那个时候我周围很多人都在创业，各种各样的题材都有人做，互联网招聘领域是其中一个。确确实实有很多新的模式，雨后春笋般在搞。那个年代我认为是创业大潮带来的创业环境的优化，以及人们创业动机的增强，从而在我们这个子领域，也出现了一个寒武纪物种爆发的局面。

李翔：就是说主要是供给侧繁荣了，而不是说需求侧发生了什么变化。

赵鹏：创业者就是要 make some difference（创造不同）。

那个地方有痛点，我为什么有能力去干，综上一二三，人家就干了。创业在当年不是特别重的决策。今天让百度的一资深工程师，阿里的一资深运营，腾讯的一资深 PM，哥仨凑一块，桃园三结义，咱们创业吧，大家还是会想一想的。但当年走出围城去创业，容易下决心。

说实话，今天的若干巨头也是那一波寒武纪爆发后适应过来的物种，就是 2013、2014 级的 App，包括有些人用了推荐技术这一套，我觉得催生了今天非常多的十角兽、五角兽、独角兽，甚至百角兽。

李翔：具体到招聘领域，今天剩下的创业公司很少。

赵鹏：我们其实就是一个韧性。招聘和找工作是低频刚需。这就意味着人家弄一个高频的产品，一波广告打下去，跟城市里面的 6 亿人有关，人人都是用户；而我们这个，需求两三年出现一次，你花一样的钱告诉 6 亿人，但是其中只有 2000 万人对你感兴趣。所以归根到底就是我们这个领域要慢点做。低频，严重制约了产品经理和数据工程师的学习速度，从而严重影响了一个 dollar 放进去能够带来的增长的仰角。所以一流的人才和一流的钱，就不容易在这个事情上要到一个快节奏。

直到 2018 年的下半年，大家天天喊"找工作直接跟老板谈"，终于冒出一个偏国民级的东西。换一个领域，这么长时间才有点动静，谁有这个耐心啊？但也登堂入室，进入行业前三了。所以我们反而要慢一点，慢就是快。

李翔：2010年之后成立的这批公司，跟2000年前成立的那批老牌公司相比，有什么气质上，包括做法上的区别吗？

赵鹏：我觉得从0到1的都是勇敢的创新者，都是把一个没听说过的东西弄出来了。在2005、2006、2007、2008年的时候，前程无忧、智联招聘，都是左手经营报纸，右手经营网络，在报纸中缝发招聘广告。只有中华英才网不经营报纸，只经营网络。前三名，有两家是这么干的。后来慢慢从报纸里面走出来，真的也是一个要下决心的事情。

李翔：就是从报纸移到网络这个过程？

赵鹏：从报纸中缝搬到网上本身，不等于互联网招聘网站，还是有好多事情要做的。所以吃螃蟹的那帮哥们儿的勇敢程度，所经历的艰苦和创新，我觉得任何年代都差不多。赶着马车搞运输和跑铁路搞运输，本质上是一样的，货通行于天下，操的心、受的累，一点都不少。所以我觉得我看不出来有特别本质的区别。但是慢一点做，是我们这个领域的特点，我们这个领域着急了，快了，反而就麻烦了。

李翔：有着急、快的例子吗？

赵鹏：有，就是不能diss别人。着急和快应该也是互联网创业者共同的特点吧，用户数量一别三日当刮目相看，半年不见如隔三秋，这是大家共同追求的东西。就是要快啊，要速度啊，要赶紧啊，套现啊，退休啊，大家都追求这个东西。但是我们这个领域偏偏需要一些韧性，咬得住牙，给用户时间和耐心，慢慢让人家认可你。

慢公司如何找钱

李翔: 速度慢的话, 在吸引人才和吸引钱上面也会有一些问题, 是吧?

赵鹏: 朝为田舍郎, 暮登天子堂, 我觉得是我们的文化气质。谁跟你等得起啊? 先说几年上市, 说清楚, 你说了代表你的诚意, 我信不信再说。杯子上印一"暴富", 富还不够, 要暴富, 就是要快。可是有些地方它快不了, 所以从概率上不容易吸引到钱和人才。你就得有耐心, 等着人家认可你。

李翔: 投资人会不会说, 你怎么不早点跟我说你们很慢, 现在跟我讲这个?

赵鹏: 早期进来的人, 元野, 是他"忽悠"我, 他不能说我。曾玉(和玉资本管理合伙人)当时也是 40 分钟就下了决心。Kathy(徐新)就不用说了, 前面讲过她的故事。华映资本的合伙人章高男在华映负责科技公司投资, 且担了一个投后服务的工作。他是个大 CTO 范儿的投资人, 在我们平台上给他的 portfolio 招了大量的技术人才。就因为这一条, 他冲到三楼把我堵在门里面，说今天不签我就不走。他说，我用你的软件给我的 portfolio 招了大量的人才，你们我太清楚了，别的不用说，开个合适的价格咱就干。现场逼着我给我们投资人打电话，他则给他的合伙人季薇打电话。高榕资本也是做了长期的观察。

所以我们的投资人都知道我们是个啥情况，我也没有忽悠人家说，两年上市，三年退出。当时就是这么一个局面，我没有为一个投资人写过一个 BP 说我怎么样。BP 后来认真准备了，但你知道我是这么一个生意，我会给你一个结果的，只是不能说明年就给你一个结果，反而我们要多问问，您这个基金多少年一期啊，今天是第几期啊，什么时候结算啊，都要仔细问的。

产品和方法上的迭代

李翔：如果气质上没有区别的话，你们跟上一代招聘网站相比，产品和方法论上会有一些迭代吧？

赵鹏：每一个管理者都是招聘者，有这个认知后，在产品上要千方百计为人家创造这个条件。这是我们对招聘者最大的服务和尊重，从而给了求职者更多的可选项。大部分是 line manager，小部分是 internal recruiter（招聘专员），一小小部分是人才经纪人。这是一个很大的区别。

李翔：包括你开始讲的，你会总结一些痛点，比如用搜索，小公司排在前面也没有人看，大公司简历看不过来，这是你过往的工作经验告诉你的，是吗？

赵鹏：是的。小公司永远在抱怨管杀不管埋，钱倒是收走了，简历呢？大公司总是抱怨，我本来花钱是想解决问题的，没想到制造了这么多问题。你知道我要雇多少 recruiter 鼓捣这些简历吗？

我当年也管销售，要么在客户那里，要么在去客户那儿的路上。从 2007 年到 2010 年，这个事完完整整地体会了三年半，所以我知道维护客户有多难。包括用户 diss 你也是这样的。我也想方设法解决这些问题，但解决不了。

正如我在千品网时，用经典的 Groupon 每日一团的方法，解决不了怎么把 3 万个 SKU 分发给我们用户的问题。

李翔：对啊，这是产品形态和技术路线决定的。

赵鹏："技术 + 产品"创造一个场景，这个场景最好是田园年代的场景，简简单单就好，解决人家的问题就好。

我们这个行业很苦，苦到什么程度，看比较大的几个公司，数万人辛辛苦苦忙一年，多少收入呢，加总一百几十个亿，我觉得中国人民卖串串香，一年也不止卖两千亿。

李翔：串串香，毕竟是高频刚需啊。

赵鹏：但你毕竟是一个重要的行业。在移动互联网、从搜索中成长出来的推荐技术、源头算法的研发及实际在工业上的应用均不具备的年代，这些问题想解决也有心无力。

所以我们要致敬乔布斯，在智能手机的基础上，移动互联网这件事情甚至不是互联网的分支，而是替代和迭代了。于是乎有很多人知道，在 3.5 英寸屏上开工的产品经理，和在有无限多层级的网页上开工的产品经理是截然不同的。

包括移动互联网产品经理和推荐工程师的人才培养也是基础建设。这些都是这个年代给我们的基础设施。端是硬件基础设施，人才是基础设施。综上就有了把这个场景搭建出来的机会——我们是给用户一个场景，还原用户到底怎么开工最舒服的场景。这是确确实实要在 2013、2014、2015 年才有机会的事情。

李翔：对。所以我开始问那个问题，我的意思是，你们当时有没有一个朴素的想法，就是说可能每一个以前互联网做过的领域，现在都能用移动互联网把它重新做一遍，或者覆盖掉？

赵鹏：这是投资人思路，投资人说，正因为如此，你就要 mobile、mobile、mobile，不要想别的，不会也别怕。你要有这个信仰。我们作为用户天天拿着智能手机，有感受。听人劝，吃饱饭。然后在这个过程中再一点一点地发现，这个事情确实是对的。所以整个行业应该致敬元野。

渗透率

李翔：为什么这个行业的互联网渗透率这么低呢？有一个数据，中国网购的渗透率已经接近 80% 了。

赵鹏：我觉得我们这个行业 C 端的渗透率也不是特别低，只不过有一层大家可能没有看见。就是在某一个地区经营多年、营收规模不大的本地招聘网站是很多的。

李翔：就是区域性的。

赵鹏：对，区域性的。还有在某个领域就针对一类人才的招聘，比如建筑人才网、酒店人才网，就是小而美。把这波放进去，渗透率好像就没有那么低了。

但是 B 端的渗透率有点低，这个我也有点理解。比如我们当年都是小镇做题家，回到我们那个小镇去看，一个居民，有可能在一个小企业做经理人，他的 C 人格已经高度移动互联网化了，已经高度享有了推荐智能技术带来的好处，但是他的 B 人格，确确实实还没有那么高的渗透率。不光是在招聘上，这件事情是普遍的。

我坚信如果这个人的 C 人格已经高度移动互联网化、智能化、推荐化，那早晚他的 B 人格也会这样的，不需要教育他，没有太多培训成本。但是得有一个契机，你得给他个场景，得让他划算，比如时间划算。然后你就静静等待用户习惯的改变。不要着急。

这个地方又要致敬端的生产者和平台服务的提供者，是人家率先让大家达到了，比如你说网购的用户渗透率 80%。对于我们这种希望他的 B 人格也能移动互联网化的来说，这是一个喜讯。当他下载一个 BOSS 直聘 App 的时候，中间的流程他不会觉得很困难。包括他在我们软件上可以发文字，可以发语音，可以发视频，实在不知道怎么回，可以发个表情，这些根本不需要教育，都已经被微信教育过很长时间了。

李翔： 比如像电商的渗透，包括外卖的渗透、打车的渗透，其实是当时大家用了很多钱，才把这个市场教育出来的。你们这个市场需要这么做吗？

赵鹏： 如果一个 dollar 放进去就能有这样一个上涨，且这样一个上涨之后，能够形成所谓的巨头壁垒，可能我们也会愿意这样做。但我们是低频刚需，我们的钱不是这么花的，我们得静静地等人家有这个需求了，才去喊一声。

所以我们的推广一定是循序渐进的，与其靠广告，不如靠积累，与其讲拉新，不如说搞蓄旧。这一定是慢的。慢慢慢慢就渗透了。你疯狂弄一年是没用的。寻求决战的思想，往往是因为没有耐心。我们这个领域根本就没有经典意义上的"风林火山海"。

李翔：风林火山海？

赵鹏：孙正义①的经典说法，事情已如风中之林，就是干柴已备，这时候你"嘭"一弄，山上都是火，然后战争结束了，一切平静如海，孤已称帝，尔等不必再言。今天任何领域都很难有风林。砸足够多的钱，就一定有结果吗？败掉的人比比皆是。

---

① 著名投资人，软银集团 CEO。

竞争与合并

李翔： 如果不按照"风林火山海"的方式去打的话，就说明这个行业好像竞争没有那么激烈，是吧？

赵鹏： 这个行业的竞争谈不上激烈，方法相对会古老一些。

李翔： 怎么个古老法？

赵鹏： 比如说我们俩今天分别在家里跟管理层开会。我说产品你们有没有什么创新，产品说我已经尽力了；技术有没有什么招，技术也尽力了；销售部人均单产能提高吗，销售部也尽力了。真的没有招了？真的没有。好，散会。你开了同样的会。

接下来咱俩有两条路，第一咱俩合并得了，你也没啥招我也没啥招了，你是左手投广告右手卖广告，我也就是这两下子。在一个维度上竞争真的是浪费资源，合了算了。第二是说，你打广告，我打更多的广告，你打价格战，我也打价格战。所以互联网招聘广告十年不涨价。

如果两个商业组织体量差不多，且在一个维度上进行竞争，两个人合了是非常合理的事情，既减少自己的消耗，带来利润的提高，也降低社会资源的总消耗。所以经常发现两个家伙，产品差不多，技术差不多，运营差不多，销售差不多，地儿差不多（指市场份额接近），这时候要干吗？合啊。合是最好的结果，节约所有人的资源。

李翔：你们这个行业发生过这样的合并吗？

赵鹏：58 赶集啊。

李翔：58 赶集算你们行业吗？

赵鹏：两家都有四分之一到三分之一收入来自招聘。以及前程无忧收购应届生人才网、拉勾网。收购也是一种合。单车行业、打车行业、当年的视频行业都发生过。打什么打？合了省事。然后有人得到了继续前进的机会，有人拿现钱走人，商量好就完了。

李翔：你有考虑通过合并的方式来扩大规模吗？

赵鹏：哪有 7 岁的人就想结婚的道理，我们还是一个宝宝。

李翔：这是狡辩。滴滴从 3 岁就开始合 ①。

赵鹏：这个真不是狡辩，我们就觉得自己有挺多事情可以

---

① 滴滴创立于 2012 年，2015 年同竞争对手快的合并。

去做。比如在算法上的探索，这很艰苦，要做很久。兼并和合并总体上是商业目的驱动的，就是一个直接的、结果性的东西，马上能算出账来，成本节约多少，市场占有率能到多少，利润能增加多少，资本市场的杠杆怎么给。如果我收购一家公司的钱，通过杠杆挣回 5 倍，等于白得一个公司，还挣了 4 倍，这是典型的商业计算。

李翔： 即使从创业者角度来讲的话，一般不愿意合并的 CEO 想的一定是，我的效率比你高，随着时间增长，我一定会大你好多倍，凭什么跟你合并？

赵鹏： 我真的觉得我们还是一个有好多事情要办的年轻企业。合来合去是中老年人的思考方法。

创业者能创则创，创无可创，就坐下来聊商业。商业对于创业者来说是一个结果，既不是第一追求，也不是底层追求，更不是每天的乐趣。所以创有可创，为什么不创？创无可创，为什么不合？创无可创还在那里创，那叫 ego，不是为了"创"，是为了面子，为了存在感。

我们真诚地说，我们还有一大堆事情可创。

"驴丢了"

李翔：2016 年，你们跟拉勾网的那件事情，在你们这个行业常见吗？

赵鹏：不常见。它的临时工把我们的软件不知道怎么黑掉了，直接从苹果商店里删除，这种事情是极其不常见的。

李翔：最后你们发现了吗，他到底是怎么做到的？

赵鹏：他靠什么本事做到的我是真的不知道。但他怎么做的，后来法庭判了，他也道歉了，赔钱了，基本上事实都清楚了，他们也承认了，确实是他们做的。

计算机信息系统方面的犯罪，我听人介绍过，理论上来讲是成本问题，本质上其实是性价比问题。性价比的事情见仁见智。要不要做，取决于你认为这件事情有多值得，要花多少钱，以及如果被捉住了，这个代价愿不愿意付。

李翔：你们发现的时候，是什么反应？

赵鹏：那天我们一个同事，他是开发者，早晨起来习惯性地看了一圈，发现 App 商店里我的软件怎么不见了？

我其实挺淡定的，我说，有可能是被罚了？被下架了？——但万万没有想到是那样一个情况。

我就安慰大家。我跟我们茂才公——就是我们家的一个高级工程师说，你的表情让我觉得，好像是你开了一个磨坊，拴了一头驴在门口，早晨起来有人要磨面。你一看：驴呢？驴呢？然后大家哈哈哈笑了，说怎么能把我们的软件比喻成驴呢？我说驴很可爱啊，是很重要的生产工具。

然后就是紧急排查，紧急联系苹果。苹果的人说，我们没做什么，不是你们自己删的吗？你们急什么？我们：啊？苹果：确定是你们自己删的，你们自己账号提的申请，每一步 yes or no，都是 yes，就删了。我们说我们想重新上架。苹果说，重新上什么架？Delete（删除）了，没有这个软件了。

我们问，那你们有没有备份？苹果的人说，我也不知道有没有备份，你问一下我们东南亚某团队，权限比我高。然后问过去，他们说我们也不知道，你问问美国团队吧，权限比我们高。但美国团队还没上班呢，等着吧。

等上班了问过去，人家说我们没处理过类似的情况，你说不是你删的，但我们的记录就是你删的，然后又要恢复。这事儿就卡在这儿了。

这时候已经知道不是苹果把我们下架了，那就赶紧报案啊，报了案就简单了。警方很快就把人找到了，说是某厂员工。后来就乱套了。出了很多舆论，说你们乱刷排行榜，是虚假流量，所以你们被罚了，一篇又一篇。那我们也得说啊。我跟 PR（公关）同事就在那儿写声明，写一篇，又写一篇，就是这样。

直到某日凌晨，我们几个人蹲在那里几秒钟刷一次商店，希望能刷出来。濛仔（当时的品牌组长）英语讲得好，她在哥伦比亚大学读过书，那天她就像一头令人敬畏的母狮子，戴着耳机，在那里用流利的英语吓唬对方：I want to speak to your supervisor（我要跟你的上司谈）。

李翔：苹果吗？

赵鹏：对，苹果家的人。她整得特别严厉，说我们现在就给你一封 E-mail（电子邮件），我们报案的材料，你认不认中国警方报案材料的确认函？最后对方扛不住她暴风雨般的打击，就说我找我们安全团队的一个管理者跟你们聊。然后就来了一个工程师，工程师没有客服这么麻烦，说你讲一下是什么情况。哦，不是你删的，还有报案材料。这个我也不懂，我能做什么呢？你是开发者，你确认你还要这个东西是吧？那我觉得应该有备份，你稍等啊。等了一会儿说，我找到你的备份了，你可能需要过 15 秒或者 30 秒再刷一次，就这样吧，我就能做这么多，再见。

我们技术一群人蹲在那儿，过了几十秒，发出了一声欢呼：

有了！我说：驴找见了？找见了，回家睡觉吧。就是这样。

李翔：当时团队内心没有这种很慌的感觉，可能白干了？

赵鹏：不会白干的。确实不是我们删的，我们也报案了，警方一定会有结论。回是回得来的。只是说早几天让我回来，我少吃点亏，晚几天回来，我多吃点亏。那段时间我还是比较沉着的。

李翔：你们有通报投资人这个事情吗？

赵鹏：第一时间跟投资人说的。好消息未必天天说，有什么坏消息赶紧告诉别人，不要等着别人问，这是我们一贯的纪律。

李翔：投资人是什么反应？不会炸了吧？

赵鹏：2016 年初的时候，元老板一个，曾老板一个，季老板一个，Kathy 老板一个，还有顺为的程天老板，就这五个投资人，一个一个地打电话：说个事啊，驴没了，能找回来，可能是被别人弄了一下，还在侦查阶段，我们在努力地跟苹果官方沟通，在努力地找回来。也有人就说：啊？驴怎么没了？驴呢？连驴也看不住？！就解释，不是看不住，能找回来。所以是"丢驴记"。

李翔：这个行业的几家公司互相盯得很紧吗？就是对方有

什么新的功能啊，动向啊，赶紧跟上。

赵鹏：盯得很紧。有创新就有跟进。像素级的模仿肯定是让人不爽的，但是只能自己跑快一点，因为你没有任何手段让这件事情不发生。

李翔：理论上是竞争越激烈，模仿速度越快。

赵鹏：对，这个事太常见了，我们也没有太当回事。产品经理会很生气：辛辛苦苦画了两个月的图，A/B test 半天，灰度实验半天，才发现这个弄法是对的，然后人家下一个版本就长一模一样了。但是也就只能生生气，法律上没有依据，知识产权法不包括前后的逻辑、摆放、颜色、字体。有那个时间打官司你也打不赢，没啥意思。

所以就告诉自己人说，如果赛跑的时候被踩了脚，说明领先不足两个身位。如果领先八个身位，怎么能踩脚？衣服都拽不住。是鸡汤，但管用。这种东西没什么可愤怒的，人性嘛。

自我改造的结果

李翔：你之前提到这个行业有很多地方性的招聘网站，也有很多行业垂直类的招聘网站，所以加起来渗透率应该还可以。但这个行业没有一个很大的公司出现，这是为什么？是因为行业本身的网络效应比较差吗？

赵鹏：我曾经仔仔细细地想过，为什么在这样一个涉及数亿人、数千万企业，如此刚需的领域，没有出现过一个真正意义上的大企业。

《三体》中有一个情节，叶文洁的女儿杨冬去找一个有超级计算机的科学家，问他一个问题，地球长成今天这样，与生物的关系有多大。那个科学家就给她演示了一下，假如地表没有这层薄薄的生物圈，地球应该长啥样。然后她就吓了一跳，原来地球很大程度上是生物改造的结果。我援引这个情节是要说这个产业的特点。这个产业现在的局面，我觉得很大程度上是它二十多年自我改造的一个结果。

首先，这个产业生下来第一天，revenue model 就是不用思考的。它的每一行文字链都可以"卖"，正如当年在报纸中缝卖广告，一小块卖你 500 块钱一样。每个公司的第一天都恨不能就挣钱，因此一直被认为是一个很好的产业。我只要把这个网站搭出来，就不需要考虑盈利模式的问题。你去考察一下 51Job、智联招聘、猎聘、Monster、SEEK、JobsDB，这帮哥们儿在世界各大洲做了一模一样的产品，就是把招聘的职位放到网站上，相当于把报纸中缝放到网站上，然后就开始收简历，剩下的就不管了，请你企业自己去解决。这个领域的公司在过去这些年就没有在模式上遭遇过生存问题的考验。

但它也是双刃剑，当 revenue model 比较容易的时候，并且确确实实也看得见增长的时候，在特定的年代也就保持了这么一个服务的情况。大家不一定愿意思考从根本上怎么再往前一下的问题。开始的时候有点容易的事情，后面可能往往会难。开始的时候很难的事情，后来往往还能攒点东西。

由于你有这个优势，那你就把职位广告、banner 广告卖出去就行了，你活得舒服嘛，生于安乐，死于忧患。所以这个行业二十多年没有过深刻的产品变化。当电商领域和信息分发领域创造的价值日益贴近用户个性化需求的时候，这个行业在 1997 年上线的时候为用户和客户创造什么价值，是多大的价值和多深刻的价值，至今没有本质的变化，那就导致不管是客户端还是用户端，对这个价值其实是越来越不满意的。

对比各种各样的互联网服务，无论是订餐、订机票酒店还是电商，都是两三年一次迭代，可是招聘网站从那个时候到今天始终没有什么变化。

因为用户的感知也在随着其他服务的提高而变化，就带来一个结果，用户是不爱为你的服务付钱的。但用户其实是爱为猎头付钱的。行业公认，十几万猎头顾问，仅在对高端人群的服务上，一年应该有 100 亿美金以上的产值。

李翔： 你指大陆？

赵鹏： 大陆。猎头行业十几万个顾问，一年创造 100 亿美金的产值。因为人家确实把人才给你了，你交个 20%～25% 的年薪作为费用，是认可的。因此也不是用户不愿意为人才买单。

但是互联网招聘这个领域，好几家忙了一年，产值 100 多亿人民币，为什么？您得先问问您创造的价值够不够。

后来又发生过一件事，应该是在 2005 至 2008 这几年。当时前程无忧后面是日本最大的招聘公司 Recruit，中华英才网后面是美国最大的招聘网站 Monster，智联招聘后面是澳大利亚最大的招聘网站 SEEK。就是前面站的是前程无忧、中华英才网和智联招聘，后面站着的是日资、美资和澳资，都是很大的公司，都有一个想法："你好好干，你一家独大。"因为 Recruit 那时候在日本是一家独大，Monster 在美国是一家独大，SEEK 在澳大利亚和新西兰是一家独大，它们都希望自己投资的中国公司也取得自己在本土的成绩，而且它们理论上都有无穷无尽的钱。

我参与了这个过程，就发现这里面有一个假命题。你拼命地去砸市场，最后别人跟不动了，你就是老大，然后你再涨价，这是非常经典的竞争策略。几个外资公司大概都怀着这个念头，让站在前面这几家拼命地砸市场。怎么砸？左手marketing（营销），右手价格战，比着降价。后来大概在2010、2011年，Monster退出，Recruit也不怎么继续投入，SEEK彻底收购了智联，这场长达5年、理论上有无限军事储备的价格战才算宣告结束。

这件事情让这个行业又给了别人一个不好的新印象，本来你创造的价值就不怎么高，客户就不是特别爱买单，然后又价格战。

我曾经考察过新浪banner广告从二〇〇几年到一几年的价格变化，再对比一下招聘网站同样大小的banner广告的价格变化。人家大概是这样涨的，（用手比画一个增长曲线）而招聘网站的banner广告是不涨价的。我认为这是刚才这几个因素共同带来的结果。

接下来又产生了一个结果，一方面挣钱不容易，另一方面路径有依赖。这时候如果说以巨大的投入和巨大的决心，顺应技术变化、用户变化、市场买方卖方关系的变化，以壮士断腕之决心来提升行业价值也可以，但又很难有这个决心。因为这个行业第一天revenue model就不发愁，到了第十三年，也就是2010年，就变成了挣小钱比较容易，过日子没有问题，赚大钱已经没有机会的状态。所以怎么去做行业的变革呢？怎么去做一流的投入，请一流的人才，站到互联网产品应用和技术应用的时代前列，提供一个也算属于这个时代的服务呢？这个决心就不容易下了。

所以，综上，我认为是一堆因素，这个行业的参与者，加上这个模式的特点，导致它最后变成了这个样子。

这个行业目前这个局面，大体是人类劳动改造的结果，而不是说这个行业就该是这样。那些年惨烈的价格战，迄今犹有回响。在客户端，大家就习惯了你一年 5000 多块，习惯于说你怎么会这么贵呢？我不就是招个人嘛，怎么要花这么多钱？

李翔：其实是不认可你提供的用户价值。

赵鹏：根源上是因为你的价值比较薄，再加上你们确实是多年的价格战，没有差异性，一个人做什么，所有人都做什么。24 年下来，它一定会深刻决定一个行业一段时间的面貌。

李翔：这个价值怎么去描述它，它就是一个信息的发布，还是？

赵鹏：能够将招聘信息告知更多的人，能够使招聘会简历传递的速度变成线上简历传递的速度，就这两个价值。就是对报纸中缝广告和招聘会简历投递的一次互联网改造，用的是互联网最简单的价值，就是信息传输速度快，不受地域限制，范围足够广。然后跟招聘会相比，跟报纸中缝相比，它还有一个优势——它的空间是无限的。这是当年有一本著名的书叫《长尾效应》说的。都是原教旨的互联网价值。这个行业可以被形容为互联网的银杏树，活化石，仍然郁郁葱葱，但确确实实是那个年代的产物了。

李翔：再追问一下，你觉得这个行业的本质是什么？

赵鹏：这个行业的本质就是要把一个人才资源和一个岗位资源配置起来。

李翔：是匹配吗？

赵鹏：匹配薄了一点。配置我觉得是奔结果去的，匹配就是我干到这儿就完了，我给你俩配完对我就不管了。

我觉得人才资源配置这个词相对可以描述这个行业本身的价值。它可以用互联网技术和产品的能力，来提高人才资源和岗位资源配置的效率。这个效率有两个关键词，一个叫快，一个叫准，快和准都创造价值。快，路上不浪费钱，多发工资，早发工资；准，少离职，到了岗位上干得久，平均在岗时间能拉长。快和准是衡量人才资源与岗位资源配置效率提升的两个维度。如果我们这个领域把这个事干了，那真是了不起。

李翔：一个行业里能产生多大的公司，包括它是不是赢家通吃的行业格局，其实也是跟能不能形成规模效应或者网络效应有关的。如果网络效应非常强的话，可能就是赢家通吃，如果不强的话，有可能形成规模效应，那就几家公司并立。我不知道这个行业有网络效应吗？

赵鹏：有，但是很薄弱。这个行业我觉得形不成赢家通吃，不是谁特别大谁就持久地占有了优势。传统上讲网络效应，是随着网络节点增多，网络本身的价值和连接数可以几何级地增长。比如微信，假设它现在只有 1 个亿的用户，虽然一个人的好友有 5000 人上限，但是通过群的方式，人和人之间可以形成无穷多的组合，它的网络效应就很强大。但是在我们平台上，山东日照的一个小伙子想找一个导购的工作，特别希望能够在一个有点品牌的单店上班。问题来了，山东日照有点品牌的单店导购岗位，跟我有 1 亿用户之间有什么关系？

所以我们的网络效应被锁在一个非常具体的小的维度里面。我们有没有网络效应？有。我们有没有社交平台的网络效应？完全没有。所以网络效应带来的一家独大这件事情，在我们这个领域是没有的。因此才会有数千家垂直于某地区和某行业的网站，小而美，一定挣钱。在我们这个领域，具体切割到一个点上，它的精细化服务价值才能体现出来。没有人轻易可以撼动它，也不要去撼动它。

李翔：像 BOSS 直聘这样的全国性网络招聘公司，是没有办法跟区域性的服务非常好的招聘公司，包括垂直领域的公司去竞争的，是吗？

赵鹏：我觉得是个合作的关系。而且我也不可能像人家那样提供精细的服务。就好像如果你的服务确实做得到位，实体店是会有很强的生命力的。但如果就是提供一个跟网站差不多的服务，那你确实是会死在网站的效率面前的。

所以对于这种垂类的公司，就是非常精细、多年在一个地方深耕、能深耕到照明 LED 行业的某个小公司，专门做这个细分领域的人才，我们如果想把事情研究到人家这种程度，理论上来讲也是不划算的。因为太细，太浩如烟海。与其如此，还不如跟它合作。应该是跟它协作。

李翔：怎么协作？

赵鹏：它可能缺点新鲜的水，那我们新鲜的水就可以去它那儿，它给我点钱就好了。

李翔：什么叫新鲜的水？

赵鹏：就是新的大学生啊，愿意在某些领域弄一弄。我们平台组织了一堆专家运营老师，去给大学生解释某细分领域的事。说实话，如果人家说我的理想就是做一个大堂副理，这是很好的理想；就是做一个雕刻工匠，不是说艺术家，这也是很好的理想。

所以我觉得应该类似木星吧，木星生态形成了一个引力，所以木星会拿回来很多氢元素、氦元素，不一定自己用，可以用来建造围绕木星的木星环系统，木卫一、木卫二、木卫三，一环、二环、三环，大家都一起活着。这样的话，人家的精细化服务和我们的平台效率就能结合起来。

同样的道理也可以用来形容猎头公司，就像我们现在的直猎邦，就是这么一个典型的生态。要尊重人家这个行业数十年的积累。不是大学出来，在某互联网大厂干了几年，就可以去颠覆一个这么老的行业。这个行业可不是十几年的生意，理论上来讲是数千年的生意，从秦穆公用五张羊皮把百里奚换回来就开始了。

我们没有人家那个顾问，能给一个清华本硕毕业、工作了两年的人提供这么好的服务，把这个领域的事讲得那么清楚，还能描述某个老板的用人性格什么样。我们不可能，也没有必要建立这样的能力。所以我们用我们的运营效率，加上人家的精细化服务，共同让求职者高兴，然后人家说因为这个事挣了9块，那分我1块好了——现在都不分，希望有一天可以分我1块。

所以我们这个领域没有经典意义上的网络效应下的赢家通吃机会。因为我们领域的本质是服务，而一定不是信息对接、信息分发这么薄的东西。假如是这些的话，这个领域早就不应该是今天这个局面了。

中年创业和移动红利

李翔：你经历过中年危机吗？

赵鹏：我从来没有经历过中年危机。

李翔：是吗？

赵鹏：真的没有。有两个东西，一个是生命必然结束，到时候怎么对自己交代，有什么成就；一个是小时候比爹，长大了比钱，老了比孩子。中年危机我觉得应该是受这两个因素影响居多，而我在这两个方面都比较淡。

李翔：是吗？你40岁的时候离开上一家公司，开始找方向，不可能不焦虑啊。

赵鹏：焦虑是焦虑，但是出得来。起伏这种东西对我的影响不是很大。

李翔：回到行业的话题。我按照你前面讲的理下来，可能过去十年最大的变化，就是从简单的互联网广播模式发展到配置的模式，可以这么理解吗？

赵鹏：第一代互联网让摆点货（指信息发布）的边际成本

降低了，包括前面说到的长尾效应，然后让信息传播的速度、广度和成本都发生了本质变化。第一代的门户就是这么来的。可是后来的互联网又发生过很多变化，最近一波的变化是移动带来的，也就是 2012、2013 年说的 mobile first。然后是人工智能技术带来的变化，也就是后来曾经说过的 AI（人工智能）first。人工智能其实是计算机算力和算力使用方法的结合，它在好多领域发挥了作用。

我们这个古老的行业对这些变化用得不是很快，也不是很根本。也就是说，最早的互联网红利我们这个行业是吃到了，不仅如此，我们生下来就能挣钱，比当年的网易、新浪、QQ 还行，但是后来技术带来的红利，尤其是互联网技术和互联网形态的变化带来的红利，就没有迅速地吃到，这是个问题。

李翔：像你们这样的公司是建立在移动红利上面的吗？

赵鹏：本质上是生对了时候。我们是 2014 年上线的，2013年底开始筹划这件事情，2014 年 4 月份写 hello world（指第一行代码），7 月份上线，生下来就是推荐基础上的 mobile。再加上我们理解这个行业，认为让管理者和求职者直接谈效率更高，是这个行业的本质之一。这三个事放在一起叫 Mobile、Data 和 Direcruit，MDD。我们生下来就是这样，因此容易一些。为什么？你是平地上盖房子，人家是老城区拆迁改造，太多坛坛罐罐，走不开路嘛。我们等于是互联网的代际变化带来的某一个领域应用的代际变化。

拆迁很难，完成拆迁的就是伟大的公司。比方淘宝网到手机淘宝的变化，淘宝以分类搜索为主的分发模式到以个性化推荐为主，再从以推荐为主搜索为辅到内容加入推荐。有一段时间，淘宝 DAU 猛烈地涨、MAU 不猛烈涨，是内容带来的。这个指标非常可怕。MAU 不可能猛烈地涨，因为中国的用户被淘宝拿得差不多了。DAU 猛烈地涨，是人家内容做得好。所以为什么蒋凡（淘宝总裁）厉害，人家把手淘那拨事办了，匹配那拨事也办了，所以就是厉害。

李翔： 对，那也是一个关键的转折点。应该是 2013 年、2014 年的时候，阿里喊出了要 "all in 无线"①。

赵鹏： 兴哥（指美团创始人王兴）如果 2014 年没有 all in 移动互联网，今天就没有兴哥。所以要么您是老房子改造决心大，淘宝；要么您是新房子好改造，美团；要么您是没房子盖房子，我们这拨人，包括快手、滴滴。字节很厉害。字节是 2012 年的公司了，也是敢于改造，那时候大家都觉得你不就是学网易新闻吗，而且还不如人家。天鹅小时候没鸭子好看，正常。

所以我觉得大家都是互联网的新一代，要么您是彻底壮士断腕，进行了从头到脚的改造，要么您恰好就生在那时候。我们算是幸运，没有改造的负担。

---

① 指全力押注移动端。

组织的进化能力

李翔：随着时间推移，竞争肯定会让每一家的产品和模式不断趋同。虽然你们没有经过改造的过程，比较领先，但是在趋同的过程里，你开始时创新的优势，包括平台变迁带来的优势，可能就会被不断抹掉，这种情况下怎么保持优势呢？

赵鹏：主要是靠组织吧。说实话，读过《孙子兵法》不是优势，黄埔军校一期、二期、三期、四期的人，哪个人不认真读啊？保定讲武堂，云南昆明讲武堂，沈阳陆军大学，不管是奉系、直系还是什么系，大家都认真读过《孙子兵法》。但是读完了之后，最终在战场上什么样……我觉得部队的战斗力说实话既是战略决定的，战略错了，胜仗打得越多，最后越惨；也一定是战斗力本身决定的，战斗力就是讲部队的组织，都是灵长类，谁比谁也差不了多少。

所以我觉得组织能活多久，本质上在于这个组织发现问题、定义问题、解决问题的能力有多强。你这个组织有没有始终发现问题的能力，这个组织的人有没有一个习惯，发现一个问题的时候，要设法去定义它是个什么问题，然后你这个组织能不能自驱地去解决这些问题。如果始终有这些，你这个组织适应变化的能力就会非常强。靠谁去发现问题？一定不是靠老大，你一个脑子顶多少用啊？

李翔：对，这是比较根本的，但是又很难。

赵鹏：这是根本。是很难，因为成了组织就一定会很笨，耳不聪目不明。

李翔：而且长期看一定是官僚主义。

赵鹏：对，一定是，所以你要努力让这个组织熵增的速度降低。我们一方面学人家做得不错的组织，一方面自己努力探讨。

比方说扁平就是把双刃剑，看你要什么，如果攻就应该散，守就应该集中。一个组织如果只剩下守了，你就集中吧。

李翔：你们现在还在"攻"的阶段？

赵鹏：企业只要不死，永远是攻的阶段，一旦进入守的阶段，它就准备死了。听说大象快死的时候就会离开族群，默默走到某一个地方，独自死掉。所以一个企业快死的时候就会进入守势，天天研究谁会挑战我。与其说它在进行战略型防守，不如说它是一只离开象群的大象，正在走向它的墓地。

企业要有创新的张力，自己那点老事情也有好多可以创新的，不是说吃别人的饭才是创新，这个不能画等号。用自己的老能力、老技能、老人才、老团队、老流量、老金钱、老刀，去吃别人的饭，这叫什么创新？

李翔：你们在组织上看哪些公司会比较多？

赵鹏：没有仔细研究过，就是看人家说的东西特别在理，就觉得真好。譬如一鸣说让老人干点新事，让新人干点老事。

李翔：这是马老师（指阿里巴巴创始人马云）最早说的，老人干新事，新人干老事。

赵鹏：马老师的原版，一鸣的引用。我们看了以后觉得这句话特别好，你让老的人干点新事，他不就新了吗？新人来了干点老事，他不就融入了吗？要是弄反了，让老人永远干老事，你就是在害他。因为人性是这样的，少干点，多得点，一万个人里，九千九百九十九人是这样的。所以老人干老事，基本就越来越陷入经验主义，能花一块钱力气，干吗要花一百块钱力气？所以老人干点新事，对他也是个爱护。谁希望老员工掉队啊？业务上掉了队，感情上砍得断吗？业务上掉了队，感情上又砍不断，这是多难受的事情。所以谁也不希望老员工掉队，方法就是干点新事。你让新人干新事，那完了，都没弄明白你这个企业到底咋回事呢，直接干一新事。所以挖新人去干一摊新事，听上去就是一个比较功利的做法，就没打算让这个人成为这个组织有机的一员。一个人哪怕再有本事，来到一个新组织，就是弱势群体。你不去有计划地安排，努力让人成为这个组织的一员，实质上就是对他进行孤立。

李翔：对。

赵鹏：那他就始终是弱势群体。所以你让新人干新事，就是挖了个坑要把他埋了的意思。

所以人家这些话说得特别好，那我们就学啊。我们家也没有什么系统，基本上都是常识中来。扁平也是常识，一个员工看见一个事，发出了一声惊叹：雷达上有一道奇怪的波。中间如果仅有一层，就有较高概率让指挥官知道，然后防空部队预备。中间隔了80层，任意一层都有可能出来说，领导正睡觉呢，你吵什么吵？珍珠港6000多人就是这么死的。这是当事人回忆录说的，雷达兵发现了，但是信息没有有效传递出去。所以从常识上，扁平就有利于几千双眼睛都去发现问题，不扁平，层级太多，信息传递就一定会流失，也就意味着发现问题的能力被削弱了。

企业本身的第一属性是组织，只要这个组织有evolution（进化）的能力，始终能够保持自我反省、自我革新，哪怕今天不灵，也有机会灵。否则哪怕今天很灵，也正在退出历史舞台。

人对了，事情早晚就对，人不对，事情早晚就不对。厉害的人在一块儿，只要大伙能互相尊重，好好相处，就有发现问题的能力，就有定义问题本质的能力，就有解决问题、形成思路的能力，最终就有执行力。

变量与创新

李翔：回到行业，你觉得除了技术这个变量以外，整个招聘行业还有什么其他大的变量吗？

赵鹏：两大变量。第一是人才供给不足。这个又分两段讲。一是绝对意义上的供给不足，每年的新增劳动力平均两个公司分不到一个，这是绝对不足。二是在一些地区和一些产业迅速崛起的过程中，它需要的人才没有培养出来，使得这个不足就更加凸显。所以有些领域的人，工资一年比一年高。移动互联网猛烈爆发的那几年，iOS 和安卓的培训班特别火，因为市场对这个领域人才的需求量急剧增大。然后前两年跟 AI 挂点钩的人才都变得非常贵。为什么？因为没有人给你培养这个人。就好比现在 100 万个企业都想要一个自然语言的人才，问题是真的没有人培养过 100 万这样的人。这是行业的一个大变化。

第二个变量是，越来越多的企业意识到刚才咱们聊到的话题，就是企业对于创新创造才能求活求生存的认识越来越深刻。背后原因简单分析的话，我认为是用户在发生深刻变化，技术在发生深刻变化，业态被深刻改造，因此所有企业都面临一个创新创造才能存活的问题，乃至于大企业也一样，所以才出现一个趋势，自下而上决策、充分对基层授权、扁平化管理，哪怕做不到的企业也觉得应该这样干。这就意味着企业的中基层决策权越来越大，否则就不会有 HRBP 这个词，大企业纷纷执行 HRBP。什么是 BP 啊，Business Partner，HR 是业务总监的 partner（搭档）。大企业开始疯狂做扁平化，小企业压根就没有这个负担。所以业务经理和部门经理的权力越来越大。离开用人权的授权就是耍流氓，离开招聘权的用人权就是耍流氓，不是从一开始就接触，只能三面的招聘权就是耍流氓。所以任意科技公司，只要能搭建一个主管、总监、经理在第一次接触中就可以遇到自己潜在合作伙伴和潜在部下的平台场景，就是下一代产品的开拓者。这不就是我们干的活儿吗？

李翔：你觉得除了直聘这个场景创新之外，这个行业里面还有什么值得说的创新吗？哪怕很小的创新也可以。

赵鹏：目前在具体应用上是一个寒武纪生物大爆发的年代，比方说用视频的方法把面试题目结构化，然后用一点点表情引擎的方法去看应聘者在回答问题时的状态。这个东西虽然在工业应用上尚不成熟，却是一个有意思的创新。它把表情引擎和考试题目进行了界面上的优化与结合。首先，趴在那儿用20页纸答题，第一枯燥，第二浪费纸；用一个虚拟机器人，声音甜美，界面是比较友好的。其次，回答过程里，你的延迟、你的磕巴、你被挑战时的愤怒，在你不介意的情况下，都有利于对方了解你。这是个有意思的事。

不过前提是，你这个厂确实已经伟大到了人家愿意跟一个机器人对话 30 分钟的地步。如果你没有这么伟大，人家宁愿跟一个真人、真老板聊两小时。

李翔：这个现在应用到什么程度？

赵鹏：刚刚开始。其实是超级大企业面对无数求职者，只能把笔试改为线上考试，同时用表情引擎来看一个人的反应。表情引擎客服也可以用，可以判断一个人有多生气。

行业的秘密和天花板

李翔：因为每个行业都会有一些比较肮脏的小秘密，那么这个行业的是什么？是今年（2021 年）央视"3·15"晚会说的卖简历吗？

赵鹏：卖简历这个事比较敏感。当时央视没有说我，我确实也不卖简历，但是它比较敏感。

其他肮脏的小秘密，比如说某顾问为了把某候选人卖给某公司，故意改了他的简历，量身定制了一个招聘方很喜欢看的简历，然后告诉候选人你得这么回答问题。这我觉得是对双方不太负责的。

李翔：这个常见吗？

赵鹏：还比较常见。对招聘方而言，你就变成了一个不怎么值得信任的猎头。猎头行业中的品牌企业本来就不怎么多。产值六七百亿人民币一年的猎头行业，市场占有率 1% 的企业就没有。

李翔：这个应该跟重度服务有关系吧？你的服务能力就是

没办法有这么高的市场占有率。

赵鹏：四大会计师事务所也是重度服务。所以猎头行业这 700 亿人民币，如果有 4 个公司各 50 亿，剩下一堆人分 500 亿，倒还是一个健康业态。问题是没有一个公司可以做到，有个两三亿就已经是巨头了，然后它就被周围的价格战啊，人际方法啊，改简历啊，这样的环境围绕，导致没有办法高效地运行下去。

李翔：领英被微软收购的时候，你的反应是什么？这算是跟这个行业相关的比较重要的事情吗？

赵鹏：说实话没有在意。

李翔：没有什么反应？

赵鹏：嗯，我的目光主要是在我们这片黄土地上，那时候研究那个问题意义不大。我们家有些人是喜欢研究行业的，我不是那个人。我就琢磨着我们家用户这点事，我们组织这点事，软件的哪个功能又让哪个老板 diss 了，diss 得对不对，如果对的话，怎么能抽象成一个简单的问题，跟我们产品经理合计合计，而不是把人家的 diss 原原本本转发过去。

李翔：这么厚道吗？

赵鹏：一方面是厚道，另一方面也是效率的事情。直接转给产品经理不解决问题，最多跟你说一个"收到"。你应该动动脑子嘛，有些吐槽是无厘头的，就别转了。

李翔：能举个例子吗？

赵鹏：最近有一个哥们儿强烈要求说，不是清北的人不要推荐给我。我就只好跟他说，清北的同学本来比例就很低。今年（2021年）毕业900多万人，其中不超过8000人是清华北大的。再加上清华北大的人今天为止还是一个卖方市场，基本上也抢得差不多了，真在市场上看看机会的，还是以逛一逛为主。而且，清华北大的人作为那1%的人，他也想去那1%的企业。大哥您艰苦创业，我很尊敬，做得也很不错，但可能在人家心目中，你未必属于人家想要的1%的企业。我把他推给您，他不高兴怎么办？所以我就笑而不语。

李翔：这就属于没办法改进的？

赵鹏：它是一个个性化的需求，一定有它在个性化环境下极大的合理性。但是当它这个个性化的需求和个性化的合理性放到数亿人的海洋，去和数千万企业竞争的时候，它就没有合理性。而我们是一个平台，我们看到的是这6亿人和这4000万公司之间怎么才能实现最有效率的配置。一定不是特定公司的个性化需求和特定求职者的个性化需求，一定不是即便与市场规律相违背，我也应该满足你，这个臣妾着实做不到。

再譬如，有企业问，有没有在百度某年到某年从T3干到T5的人。招聘者确实很懂，因为这样的人，都是童子功练出来的好人才，但是我真的没有办法在库里找出这个人，且人家还愿意跟你聊。所以我们无法在极细的颗粒度上满足极个性化的需求。

李翔：但这在技术上应该是可以做到的，是吗？

赵鹏：技术上可以找到你想要的人，但无法判断这个人是不是愿意跟你聊。技术上能判断这个人愿意跟谁聊，但很可能不是你。当然猎头能做到，猎头可以忽悠他，约两个小时你俩坐坐，有没有结果人家也不管。

李翔：另外一个跟行业相关的问题，在你看来，这个行业的天花板有多高？比如我见过一些投资人，他们会认为中国餐饮行业的天花板可能就是海底捞了，不到300亿人民币的营收，两三千亿港币的市值。

赵鹏：由于我们这个行业确实没有经典意义上的网络效应，所以应该是多个企业和广泛垂直公司并存的局面。从这个意义上讲，我觉得天花板大概是Recruit那个样子吧。Recruit是一个市值800多亿美金的公司。

有利因素在于我们还有五六亿人上班，日本有七千万人上班，所以我们的市场更大。不利因素在于发达国家为招聘服务付费的习惯，和过去这二十几年我们这帮农民种出来的这块地里大家的付费习惯，是有巨大差距的。两相冲抵，我认为我们这个行业大脑袋涨个七八百亿，小脑袋涨个两三百亿，然后很多公司共同存在，大概是若干年以后的行业状况。

李翔：我还想再问一下，你认为，收不上来钱，到底是付费习惯的问题，还是你提供的用户价值就只值这么多钱的问题？

赵鹏：是这两个因素在二十四年中共同形成的这个局面。所以要想改变这个局面，就得先从提供更好的价值入手，逐步让这个市场认可。需要你先改变自己，先从创造更大价值、做更多服务的角度改变自己，然后安静地等待市场改变看法。

李翔：像这种用户价值的改变，就是像刚才讲的，通过配置得效率更高来实现？

赵鹏：对，让老板花较少时间，较直接，有场景地见到自己将来的部下，并且让这个人上班了。干多了，就好了。将来有一天如果有两亿人是通过这种类型的平台找到的工作，我相信这个市场在经过二十多年的沉默后，会承认这个领域某公司一年的服务确实还是值一个五十人公司的一个月房租的。

公司历程

曾经有 7 个月时间，BOSS 直聘的日活用户数始终徘徊在 200 左右，当时的赵鹏咬牙拒绝了通过广告投放来获得增长；而在 2018 年世界杯时，他却把公司现金的一半都用在了广告上，从而实现了用户数量翻倍。这背后是赵鹏在努力把握公司发展的节奏，但过程并非总是一帆风顺。

里程碑

李翔：如果你站在今天这个节点去梳理的话，从 2014 年初产品上线到今天，里程碑有哪些？

赵鹏：2015 年 3 月份，DAU 超过 1000。我们在 DAU100 跟 200 上趴了 7 个月，就没见过四位数。所以当时大家真的觉得开心。之所以能成为里程碑，不是因为 1000 重要，而是因为我们没花钱，没做任何推广。1000 个用户是可以做到一个一个问的，当时我们有一个几十人的团队，认真打电话，认真问。

李翔：1000 个人都问什么问题？

赵鹏：DAU1000 个人里面，愿意接电话的、能聊两句的，绝大部分说是朋友推荐我用的。因此我们发现了这款软件用户口碑推荐的成长动机，一直珍惜到今天。因为我一直害怕一个产品只能靠吆喝，就像一个饭店没有回头客一样。俗话说互联网生于拉新而死于存留，如果是花钱拉新，那可能死得更快，如果是口碑拉新，你肯定不死。

咬着牙在 200DAU 之下趴了 7 个月，然后被 diss，人家也不愿意传播你，就是因为你不行呗，还能有什么理由？不要找理由，改啊改，一个版本一个版本地搞，搞到2015年3月份，每年3月份是一个招聘旺季，加上有人说你好，于是就上千了。3月初就发现DAU有1000了，然后3月26日才搞了那个马桶招聘节，坐在马桶上聊boss，那一下就到5000了。然后才有今日资本重注我们公司的这次投资。Kathy按一个DAU 1万美金算给我，才有了投前5000万美金的定价，是这么来的，一步都不能差。

李翔：所以1000DAU是一个很重要的节点。

赵鹏：对，以口碑传播为主要原因而发生的DAU破千，证明这个没人知道的新东西，在2015年春季的招聘旺季被一小部分用户发现了，并且推荐了。这是产品的力量。这个时间我记得特别清楚。

再有一个节点是世界杯，世界杯之前，我们就看用户口碑传播、用户满意度、用户存留这些指标。其实是比较好的。但是这个雪球要滚，你想，一个10米直径的雪球每滚一圈粘多少雪，一个10厘米直径的雪球滚一圈粘多少雪？所以我们想把这个雪球的直径弄大。世界杯的时候，公司有两亿多元的现金，我们那一把干了一半出去。那是一个用户服务规模翻倍的阶段。世界杯之后没有直接翻倍，原因是前面说过的，我们这个领域今天喊一声，喊给6亿人听，但有换工作动机的人才有需求，所以我们花钱效率历来就是低的。由于我刚才讲的口碑传播和用户留存的情况打了一个底，所以世界杯一个月下来，在 11 月份的时候就翻番了。规模上翻番就是里程碑了，而翻番的意思就是进入了前列。2018 年世界杯之前，6 月 14 日投放之前，我们算是一个成长速度比较快，用户也比较感兴趣，但是在用户服务规模上跟别人有较大差距的公司，到 2018 年底的时候，大家的差距就很小了。这个东西是挺关键的。

李翔：世界杯投放一个月，用户增长没有翻番，那时候心里慌吗？

赵鹏：也不慌，因为你没有别的选择。世界杯一个月之内有六十几场比赛，很难有一个时间点像这样有 5 亿双眼球聚焦在一个地儿。除了世界杯，没有任何机会。所以你能放弃这个吗？不能。既然不能放弃，那你就按牌理出牌，就得这么多钱，你才能参加这个游戏。然后你就看结果呗。所以，因为做市场做了这么多年，我就没觉得投完世界杯用户量就应该涨成啥样，那是一个妄念。

李翔：这个决定是你做的吗，投放世界杯？

赵鹏：我们市场团队从年初就开始测算干与不干的问题了。

李翔：2018 年初。

赵鹏：但是花这么多钱，最终肯定得我批。钱花没了以后，公司还在不在，这是第一个问题。花没了，公司也还在。

为什么？钱花了，咱们再挣啊，有这个信心就好了。

李翔：我听说那一年的世界杯广告价格非常贵。

赵鹏：其实我觉得贵不贵不是看单价，而是看性价比。64场比赛，我们按平均一场5000万人次去看——不是很夸张，就是32亿人次在看。我们一场投放了6条广告，3长3短，每条广告有多到3个、小到1个的品牌露出，加起来就是12个露出。最后算一下，32亿人次，我们到底花了多少钱买1个千人露出，就是一个CPM（千人成本）。我要没记错的话，全互联网都没有这样的价格，是按照块把钱算的，还有比这个更便宜的吗？所以是贵还是便宜？是便宜。去朋友圈买一个CPM，人家要你120块钱是客气的。你去爱奇艺买一个CPM，先告诉你会员不看啊，又告诉你会员是主要收入，然后再告诉你一个CPM。3块多钱的CPM，只要不骗我，不是假流量、机器做的，有多少买多少，裤子当了我都买。问题是没有啊。

李翔：对。

赵鹏：过去这六七年时间，除了世界杯以外，还有这么便宜的广告吗？所以我们看问题就看本质。世界杯广告的本质是非常便宜的价格，不要看它单价高。所以是DAU1000看见了口碑，DAU5000实现了核心融资，世界杯实现了用户翻番。

创业公司的幸福就是，这个月挣的钱比花的钱多一块，这是一个决定性的拐点。对于一个创业公司，尤其我们这个领域的创业公司来说，说实话没有办法，也不应该编奇怪的故事给别人。你有价值，这个世界就会打赏你。你有 10 块钱的价值，世界打赏了 10 块，你花 9 块，也盈利，好好过日子吧。所以我是那种比较古老的创业者心态，有一天我发现这个月挣的钱比花的钱多一块，我就踏实了。

李翔：就是没挣钱吗？

赵鹏：坑很深，上半年就是每个月净亏一个巨大的数。不挣钱。谁花钱招聘啊？疫情上半年，都不开工。但你不能不发工资啊，所以这是一个比较重要的时刻。然后你说真的构成什么 milestone（里程碑），没啥 milestone，哪天中国互联网招聘领域能出一间跟 Recruit 一样贵的企业，算 milestone。

李翔：如果是自己就更好了。

赵鹏：最好是我们。从人口基数和企业基数来讲，中国出一间跟 Recruit 一样市值的企业是应该的。虽然我们因为各种原因导致企业为互联网招聘付费意愿不强，不太重视这个行业，但我们也是能用努力去改变的。在未来可见的比如 10 年左右，中国如果能出现一个像 Recruit 那样 800 多亿美金市值的企业，BOSS 直聘至少是三四个攥着门票的公司之一，这就值得干。哪个领域说今天几十亿美金的公司，未来十年有四分之一概率能成一个大几百亿美金的公司？换谁谁不干啊？至于谁能干成，就要靠咱们说的组织能力，除此之外，其他都是浮云。

李翔： 你觉得它做对了什么，市值那么高？

赵鹏： Recruit 是一个管得特别好的公司。

李翔： 所以还是组织能力。

赵鹏： Recruit 的人也挺好的，我接触过两个高管，一个日本人，一个华人，彬彬有礼，谈吐有物，言行基本合一，交流过程中始终能够闭环，绝对是训练有素的创业型职业经理人。

李翔： 是什么时候接触的？

赵鹏： 创业之后，就是这些年总归会有一些接触、聊天。我就觉得，从人家这些人身上，可以看到这些组织训练干部的能力确实强。

李翔： 你有没有考虑把他们的一些方法引进到你们公司？

赵鹏： 它很早就建了一个大数据中心，这个世界还不怎么聊大数据的时候，人家自己就吭吭哧哧搞了一个，这条就很厉害。

李翔： 就是人才和招聘企业的数据库？

赵鹏： 对。然后它眼光也非常好，在 2012 年花了 10 亿美金，把 Indeed 给买了。2013 年时，世界互联网招聘有几大模式，Indeed 是一类代表，迄今都是流量全球第二的招聘网站。Recruit 在 2012 年做了这笔收购，非常有进取心，非常有张力。Indeed 是它国际化过程中、服务更多人过程中，最大的一个进取心。然后在 2018 年，它又花了 12 亿美金把 Glassdoor 给买了。所以真的很有进取心。

李翔：你是买了一个中国 Glassdoor，然后不成功。

赵鹏：我不觉得不成功。Glassdoor 这个模式在服务用户上是有价值的，但是从 2008 年到现在，包括 Recruit 购买之后，也没有办法让它搭建成功的 revenue model，说明它不是一个完整的商业模式。如果说 Glassdoor 是一个公益事业的话，我举双手赞成。它确实可以帮助雇员去看这是个什么雇主，补充了信息。但是一个有如此巨大流量、巨大服务规模的公益组织，是企业运行不了的。所以我不认为 Glassdoor 模式是一个完整模式。它的模式本质在于，它的 content（内容）可以通过搜索引擎带来 user（用户），它的 user 可以按比例地创造 content，这使它在流量获取和内容建设上实现了一个正循环。但是它在商业伦理上面临一个巨大的拷问，用户在你平台上去披露、去点评、去臧否一个企业，你再找企业收钱，你何以保证你的公正性？你怎么证明你不是在收保护费？你怎么能够一视同仁地对待交钱给你的人和不交钱给你的人，保持你独立的第三方地位？你无法面对这个商业伦理的拷问，所以你的 revenue model 就很难建立。

如何把握节奏

李翔： 你们的里程碑，无论是用户的增长还是盈利，包括2018年大胆在世界杯上投广告，这种节奏感是无意中这么发展的，还是你会有意设计这种节奏？

赵鹏： 没有有意，但是我有些基本认知吧。第一个认知是，本来我们这个领域就应该是一个涨得慢的领域，因为每天真正关心这件事情的人就是一个小的数量。虽然你的用户跟外卖的用户一样，都是7亿多城市青壮年，但是又不一样，因为每天只有百分之一到几十分之一的人关心你，你是低频刚需，人家是高频刚需。因此你在产品上做了10块钱的优化，今天能体会到的人就是这点儿人。人家做了10块钱的优化，瞬间好几亿人都体会到了。所以不管是marketing的资金效率，还是产品研发投入的资金效率，我们都低人家一个数量级。因此一定要安安稳稳的，屁股要坐住。这个东西是构成你的节奏的基调，你自己要稳住。这是基于我们行业的特点带来的认知。所以我们这种领域快就是死，慢就是快，这是我们这个节奏的背景，或者叫节拍吧。

第二，什么时候来一发，也要基于一个常识。如果你的用户能够对你这里产生黏性，最大的黏性莫过于推荐朋友来用。换句话说，判断一个产品有没有力量，你要先问你自己，当你遇到这个场景的时候，你用吗，再问你周围的人，遇到这个场景时，用吗。如果说周围的创业者在用，越来越多的人在用，乃至于普遍地在用，大企业也在用，那你这个产品显然做得还让大伙儿比较满意。所以用户口碑传播是最明确的证据，我们一直在等着这个东西出现，并且要保护它，不要伤害它。这也是基于我们对这个领域原本的认知。

第三，投一次广告的本质是什么？与其说是拉更多新用户，不如说是在过往用户信念的基础上，去扩大已有雪球的半径。这个过程里，我担心的是用户服务质量和口碑传播是不是会被严重稀释。当然没有出现这个情况，于是我这个雪球的半径从10米变成了15米，这是世界杯这件事情的本质。

至于为什么是世界杯呢？刚才讲了，世界杯是最便宜的广告。然后我得有这个钱吧，我拿了我二分之一的现金储备来做。要没有这个准备，那我只能望洋兴叹。投完，到年底的时候，我们真正进入了前几名。你想想，2014年7月份上线的一个软件，经过四年零三个月，就跟人家1997年上线的企业在服务规模上差不多了，够快了吧？所以慢就是快，把握好节奏，掌握好规律。存留大于拉新，口碑大于品牌传播，贵就是便宜。

李翔：所以在日活 1000 之前的那段时间，你是坚持不用付费获得用户增长的。

赵鹏：不要搞那个事，即使在我们内部搞个小产品创新也不搞那个事。前面聊过，儿子要穷养。你突然打了一拨广告，用户变得比较多，你也不知道是你产品有改进，还是你广告的钱花对了。0 到 1 的时候，最怕不知道哪儿对了、哪儿错了，也就是怕噪音。

大平台流量加持，是一个 0 到 1 的新产品最大的噪音。哪个超级平台做内部孵化的时候用流量加持，最后有结果呢？还是得先把产品问题解决好。人家也是渐次加持，逐步赋能，何况我们这种本来就没多少用户的垂直领域。所以我们后来再做 0 到 1，也一贯是儿子要穷养。当然也不是说一点流量费都没有，不至于，但一定要穷养。

李翔：你们当时坚持要通过产品的改进来做增长，这个认知是怎么来的？团队里面没有人反对吗？

赵鹏：儿子要穷养，只要知道 MVP 是什么意思的人都不会反对。MVP，最小可实行产品，知道这个的都不会反对。

还有一个说法是，如果一个新产品上了线，竟然没有什么明显的槽点，那就是上晚了。还有一个说法叫带伤上阵，上一个产品要验什么点，你把它找出来，千万不要"文心雕龙"。①

李翔：你们怎么确定比如 1000 就是最小可行产品跑通的一个标志，100 就不是呢?

赵鹏：这个无法确定，只是在数量级这个事上，昨天才 200，今天就 300 了，后天就 500 了，然后突然就 1000 了，大家就容易众志成城地做用户调研，分堆打电话：你是怎么知道我们平台的? 得到的回答是：朋友告诉我的，同事推荐的，在朋友圈看有人晒，觉得挺好玩。一水的互联网公司产品研发、运营人员，这是我们最早的用户，他们本来就喜欢尝鲜。不是有一个模型叫创新者鸿沟②嘛，我们的第一拨朋友就是里面讲的创新者和早期使用者用户，"说实话你可能很不完美，但哥们儿你有点意思，你让我耳目一新"。

"千"跟"百"是一个数量级的阈值，所以大伙儿高兴。有时候企业想做一个事，要等一个产生共识的时机。即便败了，大家也觉得我当时参与了，就不会抱怨，挫折感没有那么强，如果成功了，大家分享这个成功带来的信心，收益也大。

---

① 指产品刚上线时，不需要追求尽善尽美，只需要把想要验证的用户需求做到。

② 指硅谷战略与创新咨询专家杰弗里·摩尔在《跨越鸿沟》中提出的鸿沟理论，其中把创新产品的用户分为创新者、早期使用者、早期大多数、晚期大多数和落后者。创新产品是否能够成功，取决于是否能跨越从创新者和早期使用者用户到早期大多数用户之间的鸿沟。

败了损失小，胜了收益大，所以就要等一个产生共识的 timing（时机）。这是个技术活，如果你尊重每一个伙伴，你就要尊重产生共识是需要时机的。而不是你今天一高兴，发了一个全员邮件，明天早晨开始就要有一个共识。

李翔：在"千"之前你们是怎么做用户增长的？

赵鹏：各种被群踢出来。

李翔：就是在群里面？

赵鹏：人肉拉，天天拉，写邮件。只要一个人在微信群里发了职位，底下一般会留一个联系邮箱，那就一定要给这个邮箱写一封邮件，尊敬的某某公司某某老板，小弟是 BOSS 直聘开发者，这个软件的特点是你可以跟求职者直接聊天，目前还是一个免费服务，敬请光临。就是比较标准的一个邮件，人家看了没有，我们也不知道。

李翔：不会主动帮他建一个发布？

赵鹏：绝对不能帮他建，你帮他建的东西他一般不用，他没有需求。

李翔：就是一定要他自己发这个职位需求？

赵鹏：对，他一定要经历这个过程。我们从不帮人建立账户。

李翔：早期主要是在拉企业端的用户吗？

赵鹏： 求职者端、企业端都拉，反正就是天天打广告呗，那时候微信"杀"得也不厉害，各种引流，各种集赞，我们狠狠搞了一阵，后来还被人家禁止，就不敢搞了。

李翔： 马桶节是你们做的第一个大型市场活动？

赵鹏： 第一个 event（活动），花了 13 万块钱。那时候我们还在恒川公寓上班，想做个金三银四招聘旺季，适逢用户日活过千，值此喜悦的时刻，搞个活动吧。算一算，不影响吃饭，预算可丁可卯 13 万多。

李翔： 这个预算怎么定的？

赵鹏： 考虑你到时候能融到钱，然后你日常要花多少钱，包括以后吃饭啊，招更多人啊，综上大概就算了一个 13 万 8 出来。当时我们没有会议室，就找了马路对面一个茶馆，包了一间房。同事不知道去哪儿还找回来一个黑板——还不是白板，就在那儿开始讨论。搞了一下午，乌烟瘴气的，所有人都抽烟，所有人都发愁。最后有人灵机一动：坐在马桶上也可以聊。我说你这个创意还挺文艺的，苏学士（指苏东坡）说，吾平生之佳作得乎于三上，枕上、马上、厕上，所以您这个叫厕上。

李翔： 雅俗共赏。

赵鹏：然后就去定马桶模型，然后就做活动。你想想，去望京 SOHO、三里屯 SOHO 门口摆一圈马桶模型，还是挺壮观的。然后支一个牌牌，说我们搞招聘节了，怎样怎样，现在扫码下载。就搞了一波 event，包括前 100 名送礼物，买个先进的智能马桶作为礼物。那个企划还挺好玩的。

后来那批马桶拿回来放在小会议室当凳子用了。著名的徐总（徐新）来我们办公室看 PPT 时，就坐在那个马桶上。徐总坐在我们的马桶模型上，投了我们的 C 轮。

李翔：你们那么重视用户转推荐，有什么方法可以去提升这个数据吗？

赵鹏：并无方法，伺候好。100 个人用了你的产品，有 10 个人把你骂得体无完肤，你能改的你就改，有的可能是信息不对称带来的结果，那你就认真给人解释两句。会有一拨人默默用着，也不推荐，但是也会有一小部分人热烈地推荐你。所以热烈地骂你和热烈地推荐你是常态，你把热烈骂你的人弄少，把热烈推荐你的人保护好，就可以滚动发展了。

李翔：有没有那种关键的改变点，能比较大幅度地提高 NPS（净用户推荐值）？

赵鹏：没有，绝对没有。

双边平台的契机和难点

李翔：早期在用户端和企业端，运营策略有各自的不同打法吗？

赵鹏：没有，就是在微信、在朋友圈里转。当一个老板去集赞的时候，B 看见了，C 也看见了，肯定是这样。

李翔：这种双边平台就很容易面对那种先有鸡还是先有蛋的问题。

赵鹏：这个事就是讲运气了。如果不是那个时候的创投环境异常蓬勃，哪有那么多 B 来尝鲜啊？C 跑过来试试倒是可以理解。我们应该是从这个角度起的家，科技公司的产品、运营、技术、市场，是我们最早的四大职类。当年如果不是这样一个科技创业的巨大氛围，哪有那么多 B 来聊啊？可能今天地球上就没有这款产品了。所以是要契机的，timing 是最大的财富。

李翔：像这种双边平台的运营，你有参照别的公司的做法吗?

赵鹏:无。本来也没有人在这件事情上有我们这么苦,平台双边都是活人。电商毕竟一边是货,一边是人。我们双边都是活生生的用户。

李翔:你们没有尝试建立一个类似于早年的阿里、后来的美团这样的地推团队,去做 B 端的运营吗?

赵鹏:首先没有资源去拽 100 万企业上来用我们的产品,其次也不知道推谁。谁是 CEO 你知道,但哪个部门经理今天缺人,要招人,且他的习惯是自己招人,HR 也同意,你根本不知道。所以你只能是先吆喝。你真的弄一拨地推出去,敲开人家公司的门,今天的场景也不合适。

李翔:所以当时那套主流的打法,无论外卖还是打车,在 B 端通过地推来拉商家或司机,在 C 端通过补贴来拉用户,对你们不适用,是吗?

赵鹏:阿干(指美团前首席运营官干嘉伟)在美团把它叫"复杂的事情简单做,简单的事情重复做",最后就剩一句话,"签单签单,把单子给我签回来"。他的地推人员面对的人是店长,他的 To B 是 to 一个 B 就行了,我们家是 To B 吗?听上去是 To B 的服务,但是我们 to 的是 B 里面的 C,你都不知道推谁。原来招聘网站可以找 HRD(人力资源总监),HRD 没有时间见，就 HR manager 见见。那个年代，在企业采购某一类企业服务的时候，你见到那个做决定的人，甚至他本人就是用户，就够了。当时不地推就是耍流氓。但是我们这个 To B 从第一天开始，to 的就是 B 中的 C。

李翔： 所以第一天开始就放弃了这套方式？

赵鹏： 不是放弃，是就没有这回事。我就是有 200 人干这个事，也肯定是折的，明知会折戟沉沙，干吗要去干？

我们就是走了一条没有人走的路。我们相信这个世界上的招聘者在 B 中其实是以 C 的身份，以终端用户身份存在的。他天天在饭桌上，在微信群，在朋友圈，用各种方法给自己找人，他是个招聘者，这种人大量存在。事实上就是这样。这个需求也不是意淫的。你只能慢慢等待。后来阿里第一个人来了，腾讯第一个人来了。我还专门问过腾讯第一个认真的招聘者，他是游戏序列的 HRBP，"官"是越做越大，一直在我们这儿招人。

所以你就好好做你的产品，然后等待那个时机。你真的好，人家会告诉别人，可能慢一点，但是不要怕慢就好了。

李翔： 即使像阿里、腾讯这样的公司来招人，也不是你们主动运营的结果，是他们自己来的？

赵鹏： 是某个招聘者告诉另一个招聘者的结果，我们不去运营这个事。

因为在求职者来看，虽然 90% 的求职者都惦记那 1% 的企业，但最终 90% 的求职者会落在 90% 的企业。所以无论你是 BAT，还是创业公司，说实话，面对几亿求职者，你是一样的。而我也不是要靠从某个企业身上一年挣 2000 万人民币来过日子，我没有这样的打算。所以当你把求职者从一个一个的个体看成数亿人的群体，你看到的是数亿人的人力资源匹配，而不是顶尖学校和顶尖企业的匹配。你也就不再觉得可以分出贵族企业和平民企业、贵族学校和平民学校，这不是世界的本质。世界的本质是 95% 的人没有上 211。即使是了不起的字节，12 万雇员，占中国 6 亿上班族的百分比也小到可忽略。

所以有一年我们的年会主题叫"野草葱茏"。我们跟"野草葱茏"在一起，我们不攀附贵族，不管是贵族学校还是贵族企业。在这个野草葱茏的生态中，众生平等。只要你肯认认真真地给求职者一个职位，肯认真跟他交流，哪怕最后不合适，你婉言谢绝了他，能给他提点建议，你就是这个平台上令我们尊重的招聘者，跟你的出身毫无关系。所以我们不去搞什么运营，不去搞什么地推，没有什么特权。这是平台运营者应该有的想法。

李翔：你们过千之后的用户增长策略是什么？大市场活动？

赵鹏：我在日活过五千以后有一笔钱了，就做了一个 60K

（6万）计划。是我们一个本硕在日本留学，在 NEC（日本电气）从工程师变成经理人的同事，带了这场叫 60K，从 5000到 6 万 DAU 的活动。5 月份启动，10 月份收官，12 倍的增长，DAU 稳定在 60K。

李翔： 这也是正常的打法吧？

赵鹏： 穷养的目的是养，不穷就怕养错了。不是机械性的穷养。等到你发现没养错，口碑起来了，用户传播也起来了，大伙还是比较喜爱你的，这时候还一味穷养，那又是为啥？常规手段就要上了。该投放投放，该弄的弄。

考虑营收，站着挣钱

李翔：从哪个时间点起你们开始考虑做营收的？

赵鹏：我们基本上前半截的融资都非常困难，所有人都在问你，在这样一个行业里冒出这么一个企业，怎么赚钱？你是不是弄了一个挺新的 consumer model，再配一个极为古老的 revenue model，最后还是一个销售型企业？也许不是。那你怎么赚钱？我遇到的最经典的问题，是一个机构在上海，摁着我们老吴（BOSS 直聘早期负责人）问了一个问题：请你 dollar by dollar（一块钱一块钱）地介绍一下你如何实现盈利？

我们长期面临资本市场的这个拷问，所以其实是相对原来的计划更早地进行了商业化探索。

2016 年的时候，我们也就上线两年，但是 2016 年 8 月份，下决心开始做一点商业化的探索。这个时间其实是早了一点，但确实压力就放在这儿了。因为我们创业要面对三个市场：用户市场、人才市场和资本市场。用户市场是你服务好用户，人才市场是你珍惜人才，建立雇主品牌，还有一个是资本市场，缺一不可。所以这是一个服从规律的表现。于是从 2016 年的 8

月份开始，就专门下决心组队，进行这个领域的探索。

李翔：这个团队的 leader 是你们内部的人吗？

赵鹏：是我们之前几个运营负责人，原来在微信群、在私董会上运营这帮 boss 的。我们叫波士会，还发明了一个英文词叫 brystal，boss 的 b，水晶 crystal 的 rystal，天天搞线上线下的 boss 运营，让更多 boss 理解我们是干吗的，为什么你应该自己跟别人聊。他们搞了有两年多，就地转为销售部负责人，现在都是我们大区的负责人了。

当时 5 个人在望京吃了个串儿，弄了张合影，下面还写一行字，立了个 flag（旗帜），"站着挣钱五人组"。为什么是站着挣钱五人组？是希望这个行业的从业者能够得到招聘方和求职者的尊重，从而挣一块钱也是站着挣的，而不是被当作乙方中的丙方，丙方中的丁方，To B 服务中最不值钱的。我们希望有一天能改变这个局面。这也是我们销售部唯一的 OKR——赢得行业的尊重，站着把养家糊口的钱挣了。现在算蹲着吧。

李翔：还没站起来？

赵鹏：当你可以给这个行业创造一个数量级的价值，但收的是低一个数量级的价格时，你一定是站着挣钱的。当你给人家创造了一个 10 数量级的价值，却问人要一个 10 数量级的价格时，你一定是趴着挣钱的，蹲都蹲不起来。所以归根到底，是这个行业的从业人员到底给人家创造了什么价值，以及问人家要一个什么样的打赏。能蹲着已经是进步了。我从业这么多年，在销售部干了14年，好多年都是在地上跪着。

李翔： 这么辛酸吗？

赵鹏： 不辛酸啊，你是吃这碗饭的啊。2007年秋天，我是某公司KA（重点客户）组的组长。当时去一个外企见一个HRD，M女士，这位女士在她的小办公室里面应该是把我骂了有45分钟，从你们这个行业管杀不管埋，到你们能不能有点创造，你这个方案跟别人的基本上改个名字就长一样，再到你们就是把我们当个钱包，你把预算挣走了，拿提成就完了，到时候效果怎么样，现场怎么样，结果怎么样，我的老板会怎么收拾我，你们想过没有。痛骂了我40多分钟。我支着我的ThinkPad电脑听她骂完之后说，M总，您看您今天叫我来，我以为是要讨论一个方案，我准备了一个，您看要不要听一下？M总原话告诉我：我今天确实非常不爽，想找个乙方发泄一下，我现在已经爽了，下次有机会叫你。

然后我就走了。回去以后在我的小办公室，我把那个大公司的访客牌撕下来，贴在玻璃板上，立了一个flag，说一定要与该公司签约。这是一个销售的基本修养啊。

李翔： 厉害，厉害。

赵鹏：应该是 2009 年，花了两年工夫，我与该公司顺利签约了。我是销售管理者出身，KA 出身，我不知道什么叫跪着挣钱吗？你今天因为别的原因比如老板 K 你了，你不爽，要叫一个乙方来撒撒气，首先我觉得是对我的一种侮辱，是对于合作伙伴的不尊重；其次我也觉得有些人就是这样的啊，你吃这碗饭的，有什么可抱怨；第三人家说错你了吗？语气可能不好，提前说聊工作，来了搞发泄，这个动作可能不好，但是人家今天数落你的这些话，你倒是反驳反驳啊。所以我是受过重大刺激的。

李翔：组建商业化团队时，你给他们讲这个故事吗？

赵鹏：这几个家伙有两个是我原来 KA 团队的部下。

李翔：所以都经历过。

赵鹏：我一干销售的，去你那儿干运营，天天也不会弄，组织一帮老板开私董会，弄波士会，陪人家弄个这，弄个那，天天在微信群里嚷嚷不会弄。我说现在不会，就趴地上弄两年，等到这个事情有点意思了，你愿意带兵你带兵，我们还是有这个共识的。

我们希望有一天这个行业真正能站着说，大哥我给你做了价值，你打赏我一点费用，咱俩是平等的，你看行吗？我一定要实现这一天。

所以在我这儿没有什么 super（超级）甲方，过去、现在、未来都没有，对我的求职者来说，你就是平等的。要哪天有一个人出来说我有 300 万求职者的岗位，我可以跪给你，不是为了我，是为我的求职者。您不用给我钱，但您不要觉得您门第高。

"站着挣钱五人组"就是商业化的开始。我是想晚一点的，我怕走老路，我怕站不起来，但确实从 2014 年下半年开始经历的融资，有真的很好的基金，也喜欢你的模式，但也一定问你这个问题，你的 revenue model 是什么。我长期的回答是没考虑这个事。直到我跟老吴在上海半岛酒店，被那个投资人明确要求 dollar by dollar 解释下。他旁边的是推荐我们的一个人，那个人说，我跟你说过了，他们是个早期公司，现在没有 revenue model，他们 consumer model 还是比较有力的。那个投资人用英语跟他说，我知道，我故意问他们的。

我们俩出来的时候老吴一直拍我的背，说我给你买包好烟吧，你不要难受，融资就是这样的，你没经历过，我以前跟前老板出去融资可严峻了。人家刚才有点羞辱咱，一个外籍华人，你不要往心里去。

我说老吴，不至于。他说，我给你买包好烟吧，你能高兴点。我说那咱俩去喝个很贵的咖啡吧，这个半岛酒店肯定贵。我们俩就冲进去买了两杯一百多块钱的咖啡。老吴现在是我们线下审核部的负责人，就是带着员工一个企业一个企业上门去审核资质。

所以这个东西让我觉得要服从规律。面对人才市场，应该怎么请人才来公司共同发展；面对用户市场，应该怎么服务好用户，赢得口碑传播；面对资本市场，怎么服从资本市场的规律。到这个阶段，人家是要问你 revenue model 的，你不能永远说我没有考虑这个事，你不能指望永远有像元野、徐新、曾玉、季薇这样的人支持你，你想什么呢？你该考虑这个问题了。所以有一半是该考虑了，一半是资本市场倒逼。今天来看，不完全是坏事。

商业模式的设计

李翔：你们 2016 年开始做商业化团队之后，有哪些探索？你又不能走老路。

赵鹏：我又不能卖职位发布，我又不能卖广告，我又不卖简历下载。

李翔：只能收费？

赵鹏：对，我就只能说，离结果越近的东西就越值钱，从结果倒着算。结果就是人家招到人，那人家有多少个面试能招到一个人，双聊多少对儿能有一个面试，你这个月能让人家双聊多少对儿，给多少曝光能产生多少双聊，倒着算了一个账。然后就开始考虑求职者太多、招聘者太少的地方或者求职者太少、招聘者太多的地方，用价格的方法来调控。这就是我们商业化的开端。打个比方就是停车费，车流量就是招聘者数量，停车场资源就是求职者数量，停车费高低取决于车流量。经过刚才那一番倒算，算了个概率，这恰好也符合我们双边直聊模式的商业化模式。就是这么开始的，直到今天也长这样。

李翔： 所以它是一个推导的过程，不是试错的过程。

赵鹏： 是推导的过程。我们知道我们不干什么，一定不能卖广告，一定不能卖简历下载，因为实践已经证明了，那条路走到后来是走不通的。它只是卖了前面的一层皮，就好像人家要吃饺子，你卖了人家二斤面，这算怎么回事啊？你得离饺子越来越近，哪怕你卖他饺子皮、饺子馅，让人自己包也行。

这其实是基于教训，换句话说，你凭什么站着挣钱？饺子好吃就站着卖。否则人家说来二斤饺子，你说好的，稍等啊。半小时后：这是白面，这是韭菜，这是猪肉，这是大葱。那人家不翻脸已经很客气了。他只能给你 5 块钱，拿走回家，雇一堆招聘专员、招聘主管，自己筛简历，自己揉面，自己弄，最后饺子是吃到嘴了，但主要功劳是他自己的，你给他提供的价值跟菜市场没啥区别。

李翔： 但在当时它应该是一个现成的，也最容易赚到钱的模式，是吗？

赵鹏： 我们坚决不走老路。

李翔： 这个商业化的策略，是组建商业化团队之前就已经定出来了吗？

赵鹏： 大伙儿一块定出来的，一块儿去密云开了个会，不走老路，站着挣钱。恐怕也是有因果关系的，因为老路我们都试过了。

李翔： 对商业化团队而言，这个策略的难点在什么地方？

赵鹏： 招聘者说，什么叫牛人炸弹？什么叫畅聊卡？什么叫竞招（竞价招聘）职位？什么叫超级火爆竞招职位？你的产品都没听说过！什么叫道具？你们家是个游戏公司吗？

李翔： 这些名字听上去像是借鉴了游戏公司。

赵鹏： 我们是按游戏公司的做法组建的商业产品的基本构想。玩游戏，每个人都要花钱吗？未必

但是你一不小心命中了竞招职位，这里有 500 个招聘者，只有 500 个求职者。如果每个招聘者都按照自己的意愿免费"吃草"，这片草原很快就会变成荒漠。所以不能有 500 个招聘者，比方说只能有 50 个，这时候你把另外那 450 个抽签赶走吗？不行吧。唯一的商业伦理上正确的方法就是价格调控。所以竞招职位就是这么来的。只剩 50 个招聘者的时候，求职者很开心——合理的人找我，而不是无穷多的人找我。招聘者也开心，每个人的资源都够，于是水草丰美。

李翔： 所以当时商业化团队的难点在于，这些陌生的名词，要让用户理解它的意思、它的价值。

赵鹏： 你说竞招职位，人家说等等、等等，能不能弄一个首页 banner？

李翔： 这是他熟悉的语境。

赵鹏：说你这个 App 流量确实不错，我能不能买一个置顶的广告 banner？我直到今天还在设法拒绝。有人拿巨大的预算过来勾引我们做这件事情。我说绝不卖广告，绝不卖 banner 直营广告这种，没有。人家就说，没有这个的话，你看，我今年确实有 20 个职位要发布，分散在 6 个月，另外我需要下载大约 2000 份简历，你有没有这个？我说，没有，简历这个事，你跟求职者聊聊，两个人双聊，聊高兴了，同时确认说我愿意，再问他能不能进一步，有简历给一份。人家说，那效率太低了。那对不起，就是这样的。所以是很艰苦。今天跑通了，跑通了就好。

李翔：这种艰苦主要还是用户接受这个事情的成本带来的吧？

赵鹏：用户使用习惯。最后之所以能跑通，也得益于我们主要的用户不是又老又大的企业的 HR 经理人。又老又大的企业经理人的特点是：第一，老，意思是它的流程很不容易改变，HR 经理人重构内部流程的能力也受到挑战；第二，大，意思是有很强的品牌号召力，坐在地上收简历是没有问题的，符合他们的工作习惯。

所以又老又大的企业的 HR 经理人的习惯，不要惦记着去改变。你的产品做做做，有一天他看见你了，尝到甜头了，反而会组织很多业务部门的人说，咱们找 BOSS 直聘的人来做个培训，你们每个人都要去招人，这样我们压力也小。这是后来出现的事。早期好在我们更多是跟 line manager 和创业公司老板打交道，他们的用户习惯没有那么刚性，也还容易说通。等到用的人越来越多，也就蔚然成风了。

换句话说，最难的是用户习惯的改变，最好的是我们的朋友是大公司的 line manager 和又小又新的企业的创始人、高管。

李翔： 像这种用户付费习惯的养成，你们当初有设计一些特殊的方法吗？

赵鹏： 我们唯一的考核指标就是 boss 跟求职者是不是竞招职位。这已经使得这个生态变好了。剩下的都不管，迄今为止都不管。你收费太贵了，招聘者就太少，你收费太便宜了，招聘者就太多，最终都是一片荒漠，所以合理就好了。

李翔： 所以定这个价格就很难，是吧？

赵鹏： 有无穷多的算法的能力在里面，这个不能乱定的。

其实特别缺这种人才，就是真正意义上的价格策略人才。大部分企业靠直觉。有一拨公司是培养这种人才的，就是机票公司。哪个舱位今天上午和今天下午不同时间段的价格，那是非常精算的。我所知道的商业公司里，训练有素的价格策略产品经理是极为罕见的。

李翔： 对，还有电信运营商，他们计算流量，哪个时间段流量比较贵，哪个地区贵一点。

赵鹏：所以我们这个商业产品，两句话就能解释。第一，我们实际上是基于我们的用户模式的本质，研究供求关系的合理性，生产商业产品；第二，这个价格怎么定，最终取决于价格出去以后结果长啥样，高了就降降，低了就涨涨。所以它本质上是基于稀缺资源拍卖的原理产生的一个结果，是一个拍卖价格。当然我们家专门有经济学家是搞这个的。

李翔：是什么职位？经济学家？

赵鹏：就是经济学家，我们专门有一个专家序列。

李翔：他的职责是什么？

赵鹏：他是个研究者，愿意干什么干什么，没有工业上的职责，没有 KPI，他是个观察者、研究者和发现者。对我们而言，价格是生态调节的一种手段。

李翔：有道理。

赵鹏：这个不是装，这就是工业上调节生态的唯一合理的手段。你总不能按门第吧？你只能说大家都是平等的，这个东西 218 块，你出，你干，你不出，你下回再干。

李翔：搜索引擎的广告竞拍模式应该也是这个策略吧？

赵鹏：竞拍和竞招还不一样。我们的竞招有一个上限，不是取决于用户购买的心理价位，而是取决于对面的求职者够不够。

李翔：你们当时制定的商业化策略，有参照的公司吗？比如前面讲可能会参照游戏公司。

赵鹏：道具这个词是参照游戏公司的词起的，但是真心说，这种生态调节的商业化产品没有参照物，它是我们做用户产品做出来的体会。

你反复问过我几次双边平台怎么办，迄今为止，我们有意识地把 B 弄多的办法是没有的，但是你这个产品确实解决了人家的问题，人家就会有口碑传播，B 就会越来越多。但是把 B 弄少的手段是有的：价格调整。

所以你可以用用户服务的满意度、用你的服务能力和数据能力，取得你的口碑，加上一点你的品牌，把 B 弄多。B 太多了怎么办，用你的价格调节策略，把 B 阶段性地弄少，使得 C 端提高幸福度。所以其实是双边平台生态调节的一个方法。

但是从赚钱角度有一个好消息，因为一个 B 有可能一整年都要招人，所以它会出现一整年，但你不可能想象一个 C 整年都在找工作。于是乎 B 就是多，你就得调整。愿意出更多钱，愿意花时间跟求职者聊，这就是求职者该见的人。因为肯花钱、肯花时间，这就是诚意。又不肯花钱，又不肯花时间，你说你对他有诚意，你不是耍流氓吗？如果在我的平台上，招聘者老是这样对求职者，最后我的生态口碑就挂了。总之你想，花了钱的人来招人，是不是更认真啊？

李翔：你们到哪个点开始确信，这个策略是非常 work 的，可以一直持续下去？

赵鹏：其实从一开始以生态调节、做好双边服务为目的，进行了这个实验之后，就没有改过。

李翔：中间没有怀疑过搞不下去了，是吗？

赵鹏：没有怀疑过。很坚定。常识上一定对的东西，如果中间遇上挫折，可能往往是一个时机问题，或者技术问题，或者运气问题。所以常识上、逻辑上能够坚定的东西，就咬牙做吧。如果常识上和逻辑上有问题的东西，即便一时半会赢了，估计也弄不久。事出反常，必有妖孽。

李翔：你们开始做营收之后，它会影响到你们增长的速度吗，就是用户增长的速度？

赵鹏：完全不影响，完全是正向的。

李翔：正向的？

赵鹏：求职者更高兴了啊。我们知道大的原理是双边，招聘者一定是因为有足够多的求职者和足够好的分类系统，他才会来的。鸡生蛋，蛋生鸡，一定是先有求职者。所以你得把求职者服务好了，放心吧，因为招聘者就是为了招到人，他总归是要来的。他一开始可能觉得，我在西安招个运营，一个月发一个岗位就要花好几十块，我很不开心；过段时间，他又觉得好像也说得过去，两碗羊肉泡馍的钱，一个月聊好几百人，还行。

李翔：所以在你们平台的用户增长策略里面，我可以理解为，求职者的权重是稍微高一点点的，是吧？

赵鹏：嗯。有两个原理，第一个原理，你服务用户，数量多的那拨，你当然应该更重视。第二个原理，你服务双边，有一边可能还要打赏你一点钱，但他不是因为你这个平台长得漂亮，而是因为你这里有求职者。这两个原理结合起来，我们就确定了要跟求职者站在一起。遑论说，相对而言，求职者毕竟是个个人，企业无论如何是个组织。迄今为止劳动合同上还写着甲方乙方，那你作为一个平台，跟乙方站在一起也是应该的吧？甲方不缺你这个朋友，乙方可真的是缺朋友啊。

李翔：但是甲方会给你钱啊。

赵鹏：他给我钱，是因为乙方是我的朋友，如果乙方不是我的朋友，他绝对不会拿我当朋友。

总体看，4000 万企业，平均每家 3 个管理者在招人，那就是 1.2 亿管理者。对面站着 5.86 亿非农劳动人口，表面看是 1∶5，但你要具体到某一天、某一个月，那很可能 1.2 亿招人的，多数是有招人的需求，但对面的 5.86 亿人，可能只有十分之一有找工作的想法，搞不好就是 1∶1，这是客观事实。所以在求职招聘平台，一不小心，求职者的数量就不足以满足招聘需求。它带来的结果就是，求职者很烦，说怎么天天这么多人找我。

我们当年讨论这个事的时候，还说了一个模型，叫消红点模型，就是说任何人的微信本来都很干净，可是某一天积累到一定程度，就都不再去消微信红点了。这个模型告诉我们，当一个求职者的红点多到懒得消的地步，他就不会回你了。所以你一定要控制这个数量。

如果你不进行价格调整，鉴于我们国家的直聘管理者、HR跟求职者和上班族的比例关系，直聘管理者和 HR 出现在招聘市场中的频次跟求职者出现的频次，再加上任何单一平台获得求职者的速度和能力，就经常会出现招聘者多、求职者少的问题。如果不加以调整，你的求职者就可能收到过量的信息，体验很不好，从而遏制你的发展。所以我们所谓的商业化产品，本质就是生态调节，因此不能过度收费。我们也经常发现，这个地方最近不知什么原因，招聘者的数量较少，于是乎就迅猛降价，直至免费的地步。去年疫情期间，我们大规模地执行了降价和免费的策略，从而使得招聘者更有机会出来晃一晃。他出来晃一晃，就是给求职者信心。

我们也回答了商业伦理上的一个问题。我们服务用户的模式和赚钱的模式之间，是没有 gap（鸿沟）的，而不是说我的服务是让你做 A，但我为了赚钱，要塞给你一堆 B，比如我的服务是让你看电影视频，但我为了赚钱，要让你看一堆广告。本站无此 gap，本站是以 A 的理由为您提供服务，并因为为您更好地服务而赚了钱。

李翔：对，这是一个正反馈。

赵鹏：当然我不能说因为招聘者越来越多，我就能收越来越多的钱，所以我就生产招聘者。我生产不了招聘者。我也不能乱收招聘者的钱。所以就是一个比较正常的新模式，在 revenue model 上进一步得到了一次还原这个领域本质的验证。所以它是同一个核驱动着用户增长和商业增长。我们商业化企业的老板，信仰就是生态保护，就在于我要保护用户，而不是挣钱。

扁平、层级和能上能下

李翔：生态保护这个事情可度量吗？

赵鹏：就是用户满意度。我们有随时的用户满意度监控，多维度的用户满意度监控。

李翔：他们在页面上就会给反馈吧？

赵鹏：页面反馈是其中一个度量的角度，是一个 sensor（传感器）。有一大堆 sensor。我们也聊到过，产品委员会是否行使否决权其实就在于用户满意度。产品委员会可以否决他们认为影响用户满意度的任何一个提议，这是他们手上的权力。我背的锅其实是放行权，就是担心这个事情大家看不准，可能对用户有些影响。我们家极少发生我说咱们弄个什么功能吧这种事——发生过两回，证明我错了。

他们有自己的监控手段，我也有我自己的监控手段。这个东西要各自独立，不要弄出同一个衡量标准。不然时间长了，这一个标准就会出问题。一个企业要想保持创新、创造，一定要有多个人说话，要有各自发展的机会，一定不要弄成一个人拿着尺子衡量所有人，那就完蛋了。我们还是有些理念的。

有一次你问我，如果有一天我厂行将就木，能不能给这个世界留下一点遗产。那我要说，就是企业如何创造这个事。包括我前面说的，也包括扁平。谁都知道扁平好，但是扁平的亏你吃得起吗？再比如我们都说干部能上能下，其实想说的是干部一定要能下，能上能下这句话就是汉语的不真诚。能上还用说吗？其实你想说的是我们厂充分发展，干部不是官，是责任，最后就是想说干部要能下。干部要能下是组织扁平化必须做的一个事，但它一定会带来很大的挫伤，哪个人愿意下啊？能下要有一个解决方案，下不是因为这个人不灵了，而是因为可能暂时不合适了。人家来问我，能下能上这个事你们家有吗？我们家真有，有一堆这样的事。

李翔： 会流失吗？

赵鹏： 也有流失，但是少。所以如果能下这个事情发生的频率比较高，有方法也有轨迹可循，那你的能下就彻底站住脚了。你就不用再去扯能上能下这样的话了。

李翔： 你用什么方法保证他不流失，让他认为这是一个正常的变化呢？

赵鹏： 他得自己愿意，得心服口服嘛。

李翔： 就是讲道理？

赵鹏： 嗯。不是有一个彼得定律吗？就是任何人都一定会被晋升到他无法承担责任的岗位上。你要避免这个事出现，就得把道理充分讲清楚。这个人在组长岗位上游刃有余，十分合适，在大组长岗位上处处受制，自己也很不痛快，有点什么问题、错误，全暴露出来了，何必呢？

李翔：同时也应该让人利益得到保障吧？

赵鹏：他首先得认为你是有诚意的，你不是来忽悠我的，不是来骗我、让我给别人让位置的。你讲了一通虚伪的话让我下来，之后讲好的事情都不存在了，我就被边缘化了。你找了个借口，实现了你的目的，由于我相信你，所以吃了亏。

如果这种事情敢干个两三次，你就不要再跟别人聊天了。你还不如直接一点说，咱现在有两种方法，一种是实话实说的方法，一种是虚伪的方法，你挑一个。人家说你来个虚伪的方法，好的，咱们干部能上能下啊。

李翔：实的方法就是你干不了这个活？

赵鹏：实的方法就是说，哥们儿，你在这个岗位上，你也难受，我也难受，别人也难受，咱能不能想个办法先不难受一阵？当然人家可能说，你说的有道理，确实有一堆难受，我正在改进，改进了多长时间了，然后效果怎么样。最后人家是有可能说服你的。人家讲完以后，你说不好意思，我一开始没想这么全，那咱改进吧。这也是正常的结果啊。

哪有一个老板先验地总是做正确的判断，尤其是在对干部的判断上。聊俩小时知道自己错了，不好意思，我没想全，咱要不然按照您的方案，白纸黑字写三条，我认为的问题您承认的有两条，还有一条咱俩切磋，那就剩俩问题咱改了，您觉得三个月够吗？三个月够了，好，咱们走起。这也是常见的结果。所以我们家能上能下比比皆是。我们看准网事业部的老板某老师，后来变成自由专家，再后来组建纪录片特别组，再后来是一个新的视频中心。这怎么不是能下能上？

李翔： 包括你刚才提到的扁平，其实是一样的，最开始的创业公司其实都是扁平化的，包括小米、谷歌，但是它们后来都开始建立层级了。它们也会有自己的考量。

赵鹏： 我觉得空间上的扁平可能跟时间上的扁平要综合看。譬如说我们家扁平到有很多直接汇报给我的人。

李翔： 有多少？

赵鹏： 十几个。据说一个正常人类有7个直接汇报人都已经有点假汇报了。我觉得我其实是用时间上的扁平来解决的。我跟一个哥们儿，有一年我们俩经常一个礼拜能有一次聊到天亮，围着这张桌子，抽着小烟，聊到天亮。那现在我真的不需要每个星期都跟他聊到天亮，因为我们俩下了足够的工夫，建立了足够的信任。那我干吗还要跟他每周面对面搞这种汇报关系呢？

可是有一位同学来的时间不是很长，你就得至少两个礼拜跟人家切磋一下，你在人家身上要花足够的时间，让人家知道你是个什么样的风格。所以我觉得时间上的扁平和空间上的扁平可以结合起来看。倘若我瞬间组织扩大了4倍，瞬间增加了25个新汇报人，唯一的解决方案只能是在这25个汇报人上面加一层，因为是瞬间增加的。另外，倘若我觉得能挣钱，瞬间开了5条我也不懂、你也不懂、咱们家没人懂的业务线，那肯定也得是金字塔结构。

所以我觉得时间和空间的扁平要综合起来看，有的企业今天看上去空间上很扁平，但时间上可不扁平啊，人家是一步一步走到今天的。

李翔： 我了解的，小米建立层级的一个很重要的考虑，是它需要让一个普通同事知道他的整个职业路径是怎么样的，像游戏升级打怪一样，有职业成长的确定感，能够得到确定的激励。

赵鹏： 我有一个观点，一个职业人是没有职业收获期这一说的，只要你还在干，就是成长期。职业人始终是年轻的。基于这样一个基本观点，我对 rank（层级）这个东西就没有那么敏感。

李翔： 对，但是一个小孩的成长是需要标记的，四年级、五年级。

赵鹏： 我们家有一个工程师文化，很粗暴，叫作一切以解决问题为目的，解决不了问题的工程师文化就是耍流氓。所以我们小孩牛不牛，在于以你为主或者你相对独立地发现并解决了什么样的问题，这是最大的成就感。我们 T 序列的晋级就是以你能解决什么级别的问题判断的。有一个 T3 连续三次解决了一个 T5 水平的问题，这个人就必须破格做 T5。我们规则里面是这么写的：此人不升 T5，天理不容。

李翔：是你写的吗？

赵鹏：不是，这是我们家架构师一两发明的词，援引的是百度内部的一句黑话，但被我们写在了公司文件里。你是 T3，你解决了 T5 的问题，并多次解决，这就是晋级答辩的全部。所以从这个意义上讲，我们是以解决了什么样的问题来评价一个人在企业里的价值，而不是说你是 M 几的 title，那是结果，不是原因。而且我们的 M 几拿到别人家去，也未必就能当什么通货用。企业的 rank 不是通货，企业以解决问题为核心，比解决问题更牛的是发现并定位问题。所以我们家基本上一直在去 rank 化。Rank 是什么？Rank 的本质其实是什么？

李翔：一种治理体系啊。

赵鹏：张三汇报给李四，一定要用 rank 去解决吗？企业是靠权力运转的吗？如果靠权力运转，逻辑上我们就认为官大的一定牛，那请问自下而上的决策何以实现？所以创造型的企业尤其应该去 rank 化。拿 rank 给小朋友搭建职业成长路径，可能是又老又大的企业干的事，又新又大的企业都未必这么干。

李翔：你过去应该是在这种职级体系非常清晰和固化的组织里面工作的，怎么会有这样的想法呢？

赵鹏：因为有一天我们没有创造能力了，我们就死了。那创新能力从哪里来，一定不是因为我们这里有 8 颗极聪明的脑袋，携着 6000 双没脑子的手。那你请 6000 人干什么啊？你请 8 个人不就完了吗？剩下的事外包。

有些同学会在意一些 rank 的东西，那你要润物细无声，慢慢跟人家交流。他可以在意，但是对外在意就算了，对内过于在意，企业无法认同他。在意 rank 的本质，其实就是想省劲，想越干越省劲。

危机和用户安全

李翔: 2017年求职者误入传销组织的事情①，算是你们遇到的一个大的危机吗？在你看来，这几年中间，哪些事情你会把它视为危机？

赵鹏: 是的，一个巨大的舆论危机。

如果有50%的人因为某个场景和需求会来到一个互联网平台，如果这个世界上还有一拨人企图通过互联网平台去认识他人并牟取不当利益，那我有一个50/90定律，就是当有50%的用户愿意在你这儿的时候，假如世界上有坏人，那坏人中的90%愿意来你这儿，因为你这儿人多。所以我们家人数第一多的团队是产研，第二多的是安全，投入了大几百人。老吴那个"铁臂"团队如果建设成功，安全团队的人数就绝对大于产研了。这就是50/90定律带来的。

用户安全有三件事。第一是用户生命和健康安全不受侵犯，第二是用户的人身权利及人格尊严不受挑战和冒犯，第三

---

① 2017年，一名大学生通过BOSS直聘找工作，被骗入传销组织，后在逃跑时不幸溺亡。

是用户的财产权不受侵犯。作为一个平台，你要尽可能让这件事情在法律范围内是合理的。这是这起事件对我们的一个巨大警示。否则的话，很难想象一个创业公司，尤其是还不挣钱的年代，整个公司第二大的部门是安全部门，在里面放了非常多的科学家、工程师、审核、投诉、运营，包括现在还有一支已经超过分公司布点范围的线下审核团队。这个其实是你在哪儿摔过一个跟头，就会格外注意哪儿。

说句比较残酷的话，摔过飞机的航空公司，它不可能什么事儿都不干。咱们抛开企业的经济利益不说，你一千人的企业里面，有没有5个有良知的？你都摔过飞机了，还什么都不干，那你解散算了。一个企业里面有良知的人哪止5个啊？我觉得人类社会，有良知的人占绝大多数，因此任意一个企业，有良知的人都占绝大多数。如果你摔了飞机还不好好干，你这个企业还有什么向心力？因为一个企业在成长过程中遇到的最大的挫折，乃至于不可逆的挫折，乃至于让它元气大伤的挫折，一定是员工的荣誉感挂掉了。就是我到底是何人，竟然在此地干着此事，挣这点钱？

所以一个企业不管怎么牛，员工的荣誉感在心中默默挂了，就是挂了。所以你只会狠狠搞，越搞越狠，乃至于我们遇到的最大投诉是，又封我账号了，又封我账号了……

李翔：就是这个安全体系过于敏感了？

赵鹏：因为我们只要承认 50/90 规律的话，就必须矫枉过正。这话得看怎么说，但我心里是这么认为的。

李翔：这个 50/90 定律就是说，如果全世界 50% 的人在我这儿，那全世界 90% 的坏人都会来我这儿，是吗？

赵鹏：是。你反向看，如果只有 10% 的人在你这儿，那 90% 的坏人都不来了。因为坏人从事生产，也要考虑性价比的问题。坏人很难采用工业化组织去进行工业化生产，包括很难雇到优秀的人去做运营，实现性价比，这是这个世界的基本状况。真正能做到工业化大规模生产的坏人，只有在毒品这一个领域，他们甚至养得起武装力量。其他坏人基本上就是小打小闹、东躲西藏。因此他极度在意性价比，一定要去人多的地方，这样他才可能有便宜占。所以 50/90 就决定了，哪怕在你只有 40% 的市场份额时，你就应该超配你的安全能力去应对那 90%，这样你才能"不摔飞机"。

李翔：当年那个危机发生以后，你们是怎么处理的？

赵鹏：平台有三个责任要负。第一个是法律上的责任，平台应该承担什么样的法律责任，讲清楚。第二个是民事上的责任。还要讲清楚对于当事人，你有什么样法律范围内的民事责任要负。第三，道义上的责任。我们把这三个责任负到底，然后彻底建立平台的安全体系，乃至于第二大部门是安全部门。

够不够？如果不够，继续干。

李翔：事情发生以后，因为你们非常重视内部员工的荣誉感，那他们当时有受到影响吗？

赵鹏：还好。我们那时候有 500 人，我们的第一反应是全员邮件，一星期之内应该有两次认真的告知。因为首先员工不懂法律，当时警方和法律方的调查也都没有出来结果，我们不能出来说什么话干涉调查，什么都不能透露，只能认真配合。但是员工的挫折感就很强。这时候要告诉大家，说目前我们正在积极配合警方对这件事情的调查，我们相信警方一定会有一个结论出来的，在这个阶段里大家还是守土有责，做好自己的工作。

第二就是说当时我们在审查上面有漏洞，招这个小孩的那个坏人，他不是这个某某企业的人，这件事情是巨大的教训。

后来结果出来了，知道这个小孩是溺亡，我们内部再讲这个事的时候，说法律上我们没有导致这个小孩没了的因果关系，但是有一句真心的话，我们应该给这个小孩一个真公司和一个真 boss，我们尽到责任了吗？不管公司将来再怎么样了不起，创造了再大的价值，这个东西是不能用橡皮擦去的。我跟饭遥（BOSS 直聘公关）说，我永远背着这件事情，我在岗位上，这个企业就要永远背着这件事情。

所以这个事情对我们企业来说，对监管部门、对全社会负有什么样的法律责任我们研究清楚；对当事人负有什么样的民事责任，待法律调查结果出来之后，看因果关系的程度来搞清楚；另外对当事人及其家长，我们也负有无论如何都要承担的道义上的责任，要自己来解决这个问题。

这个东西第一时间就要先认账，没什么可推诿的。永远背着是我自己说的，一直到今天我都背着。只要我还在岗位上，就会一直背着，这公司就得跟我一起背着。当时饭老师（指饭遥）说，你的内部邮件，如果流传一封出去，可能会被人怎么着，而且那个内部邮件写的时候其实也没有字斟句酌。但是500人啊，一个字都没有出去过。

所以，首先我们可以认为这个组织大家三观是基本一致的，其次我也认为这个时候如实跟大家说是对的。要不然一个个低着脑袋，心想我们厂干了这个事，人家都这么骂我，骂得这么难听，到底是个啥事啊？

李翔： 除了这件事情之外，在你看来还有什么事情可以定义为危机，对于公司而言？

赵鹏： 是我们犯的事，且是危机的事，就没有了。然后公众和媒体有时候有些误解，有些我怕怕的事，这是有的。但是真正意义上的危机，有因有果、有根有苗的，就没有了。

李翔："驴被人偷了"这些都不算，是吗？

赵鹏："驴被人偷了"称不上危机，就是一起竞争事件。偷了我的驴，还回来啊。这个谈不上危机。

世界杯广告

李翔： 2018 年世界杯广告，后来被很多人骂，会影响你们内部荣誉感吗？

赵鹏： 如果要拍文艺片，就好好拍文艺片。但是如果没人看，你要认，文艺片就是小众的。要拍广告就好好拍广告。你不要又拍广告，又想要文艺片导演对你点赞，这你就想多了。又拍文艺片，又想要广告片的记忆度，你就又想多了。说弄个啥就弄个啥，我觉得任何事情先定义好范畴就好了。我们内部对这个事的认知很清楚。而且有人骂，我也不觉得就一定是在骂我们，因为大家就一起高高兴兴热闹一下嘛。一堆人拿咱们开个玩笑，或者 diss 咱两句，这中间也没有多大恶意，过于较真就矫情了。群众嘲讽了几句，欢乐了一下，就这样。

李翔： 这个广告创意是你定的吗？

赵鹏： 是"红制作"做的。"红制作"是个创业公司，我们也是个创业公司，大家一起成长了几乎我们的全生命周期，一直到今天。今后我们还要一起成长。我们所有的广告片都是

"红制作"做的，从创意到执行。

李翔： 后面的广告就没有那么简单粗暴了，是吧？是因为收到反馈后的调整吗？

赵鹏： 我不觉得简单粗暴，"找工作我要跟老板谈，找工作上 BOSS 直聘"，挺好的。

李翔： 我的意思是说，你们现在的广告无论是沈腾的，还是之前演《神奇女侠》的盖尔·加朵的广告，跟世界杯的广告比，还是有气质上的不同的。

赵鹏： 有一个不同，世界杯期间，每一场单场赛我投 6 条，大家就觉得唠叨了，假如我投两条呢，可能就没有那么唠叨了。换言之，腾哥这条广告大家觉得挺可爱的，我掐着一个窗口投 6 条，你看有没有人骂？好话不能说 5 遍，人就怕唠叨。所以我们世界杯期间的投放频次是有点唠叨，但这个广告本身我觉得就是个啦啦队，所以我对它没有那么强烈地反思过，但那个频次确实打得太满了，这是真话。如果让我回顾的话，可能少花点钱也挺好的，频次稍降降也挺好的，这是我们内部反思的结果。

李翔： 那是你们第一次投这么大规模的品牌广告吗？

赵鹏： 第一次大规模投品牌广告，唯恐不够嘛。

李翔： 理论上也是正确的。

赵鹏：理论上是对的。

李翔：你当时下这个决心的理由，是从公司用户增长的曲线来看，还是从世界杯四年一次？是怎么做这个决定的？

赵鹏：四年一次，万人空巷，如此便宜，此时不投，更待何时？没有这个机会了。今天我们想找一个机会，让5亿人盯着一个地方看，请问这个机会是哪儿？没有。人们的注意力分散在各自的空间里了。所以营销的难度是越来越高的。

包括你也要小心"饱和攻击"这句话。创业者希望寻求决战，我觉得往往是焦虑的表现。其实是没有这种机会的。

世界杯广告的本质并不是说找到了一个营销的机会，而是我们已经充分算到了，弄明白了。我们从1000DAU的时候就在研究口碑传播。所以我觉得一个做互联网的创业者要一日三省吾身：吾的用户今天会介绍用户来吗？吾的用户会介绍一大堆用户来吗？吾身边的人都在用吾的服务，且吾感到有面子、没有骗人吗？这就比去琢磨一个营销的机会重要多了。

李翔：这种大规模投放品牌广告，它的节奏是什么，你是怎么考量这个事情的？

赵鹏：很简单，就看你花了10块钱，有几个人注意到你了。为什么春季要投放？因为春季是招聘求职的旺季，是上亿规模的人才和岗位的一次迁转。这个时候你同样花10块钱，就会有更多人看见你。看见你之后，有多少人记住你了。所以

6 月份我去投广告花 10 块钱，跟 3 月份投广告同样花 10 块钱，后者效能是数倍。所以你看一到春季，各招聘平台到处打广告。平时为什么不打呢？平时没人注意你，就是这个原因。实际上没有饱和攻击的机会。

李翔：世界杯广告就算饱和攻击吧？那么高密度。

赵鹏：你也可以这样说。但我的基础是对用户满意度的测量，对用户存留的测量。所以我的目的是把雪球的半径做大，而不是拉新这么简单。如果不是一个雪球的半径在做大，一是存留，二是口碑传播，而是单纯以拉新的目的去看投放，从一开始就错了。有了这个基础，啥时候拉新，是一个重要的二级命题。世界杯是好的，春节是好的，CCTV（中央电视台）是好的，从大年三十到正月初七的 CCTV 是十分好的。小孩陪着老人看电视很正常嘛，电视机一天基本上从起床开到睡觉，声音也听得见，所以频次够了就好。

公司的三种死法

李翔：如果这个公司再发生危机的话，你觉得会发生在什么环节？

赵鹏：内讧。我们研究公司的三种死法，第一是投资人和公司干翻了，死了。第二是弟兄们自己干翻了，死了。我们这个规模的公司是自己死的，家不和则死，家和则万事兴。还有一种也会死，几千人分了6堆，一切不以用户为导向，不以实事求是为导向，而以堆为导向，凡是一堆的都支持，不是一堆的都反对，那你早死晚死都是一个死。

所以千万不要和投资人干翻，重要干部之间不要干翻，公司不能分堆。做到以上就不死。至于受伤，天天都可能。受了伤，你有没有正心诚意地去改？只要大伙齐心，不行的改为行，不够的改为够，你总死不了。你只要还对自己创造的用户价值和员工价值，以及投资价值，有点基本信心，你就死不了。

李翔：你们维护和投资人关系的就是你吗？

赵鹏：好几个人在维护，因为投资人也有投后、有具体投你的人，还有的人在你平台上做董事，包括每家都有老大，你都得维护好。所谓维护也比较简单，就是有什么坏消息赶紧告诉人家，别让人家从别的地方听说，答应的事情就一定要做到，别动不动给别人一 surprise（意外），说我又没实现。

李翔：定期把数据发给他们？

赵鹏：我们都定期给报告的，也不分股权大比例、小比例，反正您投了我，我尊重您和您的信息权，及时通报。然后努力好好经营，做个好学生，让人家投你的钱有个指望。这样的话，大家的关系就能维护好了。

李翔：内讧发生的最大原因，是利益分配的问题吗？

赵鹏：我倒觉得利益分配不是最可怕的，最可怕的是三观崩了，就是原本说好是要做这样一件事情、创造这样一个价值，怎么变了。没有基本三观作为共识，组建起来的团队就不太容易优秀。最优秀的人大概率出在三观正的人里面。精致的利己主义者跑单帮没问题，但很难成为一个优秀组织的有机一员。我认为一个优秀组织中优秀的人，应该是基于三观再加才干。如果企业因发展，或因困难，或因任何问题，碰了核心团队三观的底线，那就一定会崩。倒真不是说分钱这点破事。分钱是有规则的，规则是用来管老板的，你只要不违反规则，大家都明白。我们家 M 级挣多少钱都是公开说的，T 级挣多少钱，谁都可以看见。至于具体这个人挣多少钱，有低中高三位值的不同，但是他在什么区间大伙儿都清楚。所以分利益这个事不至于。

李翔：大家已经一起走了7年左右了，怎么还可能发生三观出现问题的情况呢？

赵鹏：我们家应该不会。所谓不会就是不贪婪，不会因为想挣点啥钱，干点啥不靠谱的事。比如说有几年P2P（点对点网络借贷）比较火爆的时候，就有人专门过来聊，通过不同的人来接触我们，说给学生搞点贷款。你这儿不是有好多学生吗？你大概能算出这个人受老板欢迎的程度，这也就意味着这个人的还款能力比较强，咱们可以联合挣点这个钱。

各种人都来接触，跟我们不同的人进行接触，有些还是原来有过老同事关系的人，他们没觉得有什么，但我们所有的人都表示嗤之以鼻。假如当时遇到了某困难，放着一笔现钱能挣，可能也没有人跳出来说，老赵我不想让你做这个决策。但是你放心，从此离心离德。大家会想，你是个什么人啊？咱一块儿创业，平时一块儿说的这些话，遇上钱就这样了？

还有某培训公司，搞英语培训的，最大的成本是marketing，换句话说是招生，也是认认真真托人，甚至于找重要的人过来聊，说你这里有这么多例子，什么人要去什么岗位，英语需要提高，你不是很清楚吗？那就设法让我们以某种方式把这些人变成我们的培训学员吧，因为我们最大的成本是招生，所以我们愿意付巨大的费用给你们。那肯定也坚决不行。假如我们为了这个事一年挣了几千万、一个亿，那你放心，这团队离崩不远了。谁愿意作恶呢？

李翔：这两个事情你认为有作恶的成分，是因为涉及用户的数据吗？还是别的原因？

赵鹏：你说的和做的不一样，就是作恶。你是为人家提供职业服务的，你提供好了吗？求职者来了，你给人家老板；老板来了，你给人家求职者，你就好好干这个，这是你对社会、对员工的承诺，那你突然开始卖用户导流给培训机构了，这是几个意思？钱不够花了，咱省点，或者融点，都是办法，你去把用户导流给贷款的，算怎么回事呢？所以，我觉得言行不一、立身不正，就是作恶。可能贷款真的有人有这个需求，但是在你的平台上弄这个事就不行。

所以我觉得不要动团队的三观，不要违反这个组织立身的承诺，综上团队就不会崩。但前提是你要过得下去，有时候人穷志短，有时候贪婪可能是求快，啥钱都挣。我们只要不犯这些错误，团队不会崩。

李翔：你三观的线是怎么画的？你刚才讲的都是业务上要守住"找工作跟老板谈"这个线。

赵鹏：对个人，我觉得所谓三观就是小时候家长老念叨的那几句话。你要做一个正直的人，对自己、对组织、对朋友，你要有诚意，然后你要帮助弱者，不要欺负弱者，要通过努力去赚钱，不要骗钱，你要心口如一，不要哄人，要言行合一，答应别人的事情要做到，不就是这样吗？

有一年几个同行聊天，有人就表扬我说，大哥，你年龄长，知道得多，我们在商业上经常遇到这样那样奇奇怪怪的事情，有时候一些应对、一些策略，也不知道究竟哪个对，打仗打时间长了，就乱了，你有没有一点底线级的建议给我？

我说，哎呀，你可算问着我了，我比你年长这么多岁，还真能回答这个问题。我觉得有两条边界。第一就是我干了这个事，哪天我爹我妈知道了，他不会怕有人戳他的脊梁骨，说你儿子竟然挣这样的钱，你儿子给你买了金戒指，给你买了房，但你知道你儿子怎么挣的钱吗？这个事情要想好。第二，万一将来你再有个娃，不会怕娃走在街上，别人指指点点说，哎，他爹挣的啥钱啊？我说你就守住这两条线，上不祸及父母，下不殃及子女，挣这个钱就好了。

所以三观其实很简单，都是老百姓草根的东西。

上市

李翔： 你觉得上市对于你个人，以及对于这家公司而言，意味着什么？

赵鹏： 一个企业服务中国百分之若干的存量用户——包括求职者和招聘者了，然后提供了一个不太一样的服务，那我日子过得怎么样，一年花多少钱，花在哪儿，雇了多少人，挣了多少钱，我是个谁，我提供什么价值，有些产品为什么长这样，有责任规律性地在法律的监督之下告诉公众。这是上市的本质意义，就是成为一个公众公司了，这是我看这个事的根。有人管着是好事。同时你值得变成一个公众公司，也代表你做到这种地步了。

李翔： 对，也是一种认可。

赵鹏： 我们有法律机构，有监管机构，有审计机构，大家共同说你没撒谎，替你负责，签字画押，你可以成为公众公司了。既是认可，也是责任。其他有个啥？创业时间长了，借了丈母娘、屁股钱买房子交首付的人，锁定期结束之后，可以把自己的问题解决一下。

李翔：你对上市敲钟有执念吗？

赵鹏：我毫无执念。至于说钱，你也知道黄老板都辞职了[①]，还要写三年内绝不减持的承诺。谁听说过创始人减持的？

李翔：投资人应该是有需求的吧？毕竟要退出。

赵鹏：我们的投资人其实还好办，只要老股东想退，就一定有人接盘。前提是你在被投企业中要努力做个好学生，不要混成个分母。这东西是日日年年干的活。假如说投资人的退出在一级市场已经遇到巨大困难了，那恐怕你上到二级市场也还是个新的巨大困难[②]。假如你在一级市场没有遇到巨大困难，你也不是一定需要通过二级市场使投资人退出。

但员工确实是辛苦的。我们也创业 7 年多了，好多人真的是房子首付都要借，这部分解决解决也挺好。但前提是你事情要做好，要不然"大家都不许减持啊，目前很紧张"，那也没意思。

[①] 指拼多多创始人黄峥先后辞去 CEO 和董事长的职务。

[②] 一级市场，指资本需求者首次将证券出售给公众时形成的市场，主要由投资银行、经纪人和证券自营商组成。二级市场，指股票发行之后进行交易和买卖的场所。

长板和短板

李翔：如果跳出来看的话，你觉得作为一个创业者或者创始人，你的长板和短板分别是什么？

赵鹏：我的长板是比较稳，我的短板可能是过于稳。也跟我这个岁数有关吧。我看事情，胜算比赔率看得重。有些事情赔率很高，胜算可能不高，可能年轻个 20 岁，冒点险也就干了。我就是稳一点。

李翔：你 2013 年创业的时候，有多大把握这个事一定能成？

赵鹏：我跟元总说，成多大我不知道。元总说你是个老船长，舢板和巡洋舰开了一路了，也成过，也败过，你把这个船开翻的概率就很低。换句话说，我给你 1000 万美金的估值，最后你连这个估值都没有的概率很低。至于你能开到哪里去，我不知道，我也不给你压力。所以那个其实是一个胜算级的判断，不是个赔率级的判断。

他当时之所以能够上来先给你那么多的钱用，也是想让你增加胜算，他之所以劝我说你慢点，别着急，慢慢磨产品，也是想增加胜算。他说你 0 到 1 要吃亏，1 到 10 不害怕，也是为了增加胜算。

所以投资人知道、团队也知道我的这个特点，这个五旬老人好一点的就是稳健，但是猛一点的事情可能要费点劲才能说服他，有这个问题。

李翔：既然你自己意识到了，你会通过什么方式来弥补或者平衡这个东西吗？

赵鹏：这个阶段还好。比如说我们去年（2020 年）花错两个亿，可能公司就没了，那就得守着这个事。可能到某一年公司花错了 20 亿，公司也不会没，那我就能在更大幅度上搞分权而治了。我得先保命，我得先有基本盘，我不会把口粮和宅基地当了去做生意，我肯定不干这个事。

李翔：你就是这个公司的底线，是吗？

赵鹏：差不多，我是这个底线值。我得确保我不需要用降薪裁员的方法让公司活着。咱们最近都勒紧裤腰带，最近三个月没有工资，我有什么资格这么跟员工谈？他有什么错？家里人还要吃饭呢。我胆小吧。

李翔：不同的人对风险的衡量不一样，很多大家认为胆子小的人其实胆子很大，大家认为胆子大的人胆子小。我记得我以前采访史玉柱，当时游戏圈把他称为史大胆，他说，其实我胆子特别小，账上始终趴着很多钱。

赵鹏：我们也一样，你之前不是说要18个月的钱怎样怎样吗？我但凡有可能，绝对不止这个数，确实穷怕了。

李翔：如果今天的你，回到2013年、2014年刚创业的时候，要给自己建议的话，你会给什么？

赵鹏：融资绝不能停。药不能停。当时作为创始人出来融资，第一轮太容易，钱也觉得挺够的，大几百万美金的可用额度，于是乎在B轮融资上就有点大大咧咧。我当时相信我有18个月的钱，竟然是按照现在的开销加一个营收的增加去测算的，说我可以在第12个月的时候开始融资，这套想法吃了大亏。我应该完成这轮融资之后，再过两三个月就进行新的融资。

李翔：你的投资人没有提醒你吗？

赵鹏：投资人提醒过我，说你应该早一点去跟资本市场进行新的接触。

李翔：当时估计也没有FA吧？

赵鹏：我是直到2017年3月份，才经老股东C2轮领投方高榕资本介绍，认识了指数资本的老板田东升，从此才过上了幸福的生活，才知道如果优秀FA的CEO跟你做朋友，真的会极大弥补你在这个领域的不足。

李翔：当时应该很多 FA 机构来拉你们做客户吧？

赵鹏：并没有，后来是很多，当时真没有。待到花开花似海，满城皆是看花人。这是正常的，当时做我们的案子，田东升也不知道能不能做成，因为你一公司，收入一毛钱没有，行业是古老行业，模式有点奇怪，有点反常识，然后你出来融资，你怎么融？

李翔：你们当时不是网红公司吗？

赵鹏：真不是。所以从老田进场到我们完成这一轮，前后整整是 9 个月的时间。可不是说中间停过，是连续干了 9 个月，最后有一个人说你 D 轮我投了。我们家有一个人干这个活，老田是团队全上去干，干了 9 个月，融了一轮。我记得一年以后，某个月能挣一块钱了，再之后的融资就没有那么复杂了。

李翔：真的一块钱？

赵鹏：不是一块钱那么少，就是不多，但我不烧钱了。于是融资就没那么困难了，投资人喜欢投不烧钱的公司。你现在竟然每个月的钱在变多，那要不让我投点吧？你说我都在变多了，为什么让你投点？然后他就说我可以给你带来六个价值，一二三四五六。那咱就大量地储备资本呗。

李翔：这是悖论，凡是需要我投资的人我都不想投。

赵鹏：投资吧，其实就是一个胜算的判断方式，赔率的判断方式。如果赔率很高，胜算很低，就不会真的有人投。所以投资人其实是要研究你这个事情的确定性，但创造型公司最大的价值在于它的不确定性，这又是一组悖论。设法把你的不确定性中的确定性找出来，然后按照投资人的模型、结构、算法，翻译成能够让他同意的过程，是财务顾问、是 FA 的价值。当然如果你在投资界有认认真真的几个好朋友，他们也会说我们的语言大概是这样说的，你那套语言是不 work 的。每个创业者都要面对资本市场，也是个学习的过程。现在我还挺会聊的，那会儿是真不会。

CEO 的工作和护城河

李翔：你自己定义的话，你今天作为 CEO，最重要的工作是什么？

赵鹏：我这是个聊天密集型岗位，跟我们的干部一起聊天，跟投资人一起聊天，跟关心我们的人聊天。聊天的过程中互相加强了解，了解之后就有了换位思考的基础，然后就可以建立信任。所以我其实是那种偏 COO（首席运营官）型的 CEO，运营型 CEO，不是出主意型 CEO。我的运营是通过跟我们家的干部、我们的重要合作伙伴，花时间混在一起去实现的。

李翔：那你们公司谁是出主意型的？

赵鹏：我们公司有个文化，谁主张的，谁自己干，我们不提倡张三和李四专业出主意。你有主意你干，如果你没有力量，就看你有没有魅力。比如产品经理有个主意，那你有没有魅力组织到两个工程师、一个分析师。如果有，再看看这个事输了会怎么样。不会怎么样，那你就干。我们不提倡由一个人给别人出主意这种行为。

李翔： 你聊天要解决的问题是什么？

赵鹏： 可能我有个想法不知道对不对，就跟人家切磋切磋这个想法。大概率被怼回来，说你又瞎激动了。

李翔： 你不是运营型的吗？为什么老是提想法，还要被人怼回来？

赵鹏： 我的运营型不是在事情上，主要是跟人进行交流。有一小部分是我有一个想法，看看人家怎么看，多数时候是人家有一个想法，或者有一个不解，然后我来帮着答疑解惑。因为我在行业、在公司时间长，换句话说，我有两组 knowledge，第一组是论该行业的若干 knowledge，我看了 16 年，第二组是论这家企业的若干 knowledge，我看了 7 年多。我理应在这个事情上给人以帮助和价值。其实我主要是干这个的。

李翔： 你觉得你们这家公司的护城河是什么？

赵鹏： 这个组织凝聚了一拨优秀的人，这拨优秀的人能够按照一个大家比较认可的规则一起做事，从而能够有一些发现新问题、定义新问题、解决新问题的能力，简称进化力。这是这个组织唯一有所谓护城河的地方，也就是它的组织能力。

李翔： 听上去就是没有护城河。（笑）

赵鹏： 组织能力的建设极其困难，真的有组织能力了，就有护城河了。有一个特别重要的词叫相信。作为一个组织的成员，作为一个自然人，你真心诚意地相信你的 leader 吗？

为什么组织能力重要？当一个行业发生变革时，是谁在推动变革？是人，而不是 model。Model 这个东西，画到墙上谁都能看到。就像产品那个皮肤，一点都不神秘。你做了 6 个版本，然后 A/B test，最后说这个 icon 摆在这儿是正确的。别人明天就会了。什么东西是大家学不走的？

组织中的人相信组织的 leader 吗？他凭什么相信你？是因为他笨，你洗了他的脑吗？不是吧？所以我觉得这是最难建设的力量，但是一旦建起来以后，人对了，事早晚就对了。人不对，事再对，早晚也是去沟里了。所以你说有没有护城河，我也不觉得这是护城河，这算生命力吧。河焉以护城，长城焉能挡住匈奴铁骑，还是得靠人。所以我们能攻则不守，绝不守。

个人和早年经历

35 岁离开中央机关，进入互联网公司，赵鹏愈加发现自己是一个组织生物，他最大的成就感并不来源于自己，而是来源于自己的团队。这是一个人逐渐找到使命感的过程。

组织生物

李翔：创业做这家公司有改变你吗？你做这家公司的时候，已经是一个非常成熟的管理者了吧？

赵鹏：我越来越明白我是个组织生物，我觉得自己生下来就是为了服务 our kind（我们的同类），我找到我的终极命题了。我之前对这个事有意识，但在这个实践的正反馈的过程中，我就不再去进行为什么活着这个终极追问了——这个终极追问要是没有的话，好像没读过书，可总是没有答案，就很痛苦。

以及我们投资人问我说，你觉得你有什么优点？你是个啥人？你有什么特点？你说你是个十几年的销售组织管理者，你是一个或许能排到前几名的 CMO（首席营销官），这些讲了半天都是技能。我说我是个 leader，我最大的成就感不来源于我自己怎么样，而一定来源于团队成员怎么样，我整日乐此不疲。

李翔：完了，这样的人不能退休。（笑）

赵鹏：我或许也能 lead（领导）点别的事。假如有经费、

有条件，你让我去帮一条快死的河活下来，我也能干。（笑）

组织者其实是很耗心力的，我觉得我在耗心力的过程中，看到组织的成长、别人的成长，看到弟兄们的日子日益殷实，因而得到了正反馈，就足够了。否则，如果只是在消耗自己的电量，谁都坚持不了。你老掉血，你怎么坚持啊？我在这个过程中不但不掉血，还长血，所以我愿意。

李翔： 最近的一次正反馈是谁给你的？

赵鹏： Alvin。Alvin 是 1987 年的，好学校出来的海归，运气很好，一毕业就被各种著名投资分析机构看上，然后在一个著名 family office（家族办公室）深得老板信任，管很多钱，再后来去了一家著名投资机构。Alvin 希望在工业上有所发展，我们反复切磋，然后 Alvin 说，如果我能够在一个组织中有自己的坐标，能够花心血培养别人，别人能够成长，这会是一种比较愉快的生活。我说你作为一个资深投资人，投过很多大项目，可圈可点的大公司很多，愿意去管天津分公司吗？你要是愿意来本组织，根据你刚才的讲法，以及你愿意接个地气，不如直接去销售部管天津站。此人于 2019 年 12 月 19 日接手天津站，于 2020 年 12 月 20 日总结天津站过去的一年，员工人均单产成长、人均收入成长均领先于全国其他分公司。此人说我每天跟团队都可有劲了，弄得可好了。然后他被公推为北方区区域负责人。给我很大的正反馈。

李翔：是他的成长给你很大正反馈？

赵鹏：对。因为我不是从 experience 层面判断的。如果从工作经验层面判断，我会让他加入我们企业的投资部。但是人家在一个百亿、千亿美金规模的机构，为什么来你这儿做投资部呢？人家一定要有自己的成长动机才来。而且人家已经告诉你了，希望组织人一起去解决一个问题。所以我就极有成就感。甚至都不是说职业生涯这么简单，在他个人的成长发展过程中，他敢信任我，我敢承担责任。

Alvin 绰号"程不为"，有所不为。这句话的来源，是在销售管理会上，大家说有的东西有明文规则，有的东西没规则，没有明文规则的，全部弄个规则，汗牛充栋，也看不懂，家里也不需要律师，那怎么做一个成功的自我约束？Alvin 说，不为难言之事，此事难言则不为，自己还没有个尺度吗？从此大家就叫他程不为。这是他带给组织的价值。所以我很开心。

李翔：有没有一些你本来不喜欢、不愿意的事情，但是为了公司就做了？

赵鹏：有一句话叫"谈笑有鸿儒，往来无白丁"，就是说简明扼要，你说了上半句对方频频点头，你不用说下半句，一骑绝尘而去，过了一会儿前方传来捷报，这多好啊，谁不喜欢？但有的时候因为时间短，性格差异比较大，或者介入组织深度不够，要花两个小时去讲其实本来只需要花 20 分钟的事。

这谁愿意干？我也不愿意干啊，但是必须干。有的事对我来说是一个常识，但对他来说就是常识之外。你就得针对他为啥这样想，从哪个角度跟他聊能聊开。我这么话痨，就是因为在我们家作为聊天密集型，总在跟各种各样的人聊天，举例子，打比方，东拉西扯。

李翔：这也是技能。（笑）

赵鹏：我也不喜欢反反复复、啰啰嗦嗦地跟一个人老说一件事。我喜欢我弹了一声，人家马上知道是什么曲子，顿时有知音感。但这个过程是要慢慢形成的，你不能要求别人这样。人家不知道的，是人家的盲区，这时候我就应该当那个导盲犬。谁愿意天天当导盲犬？（笑）

李翔：销售不就是需要重复地讲很多东西吗？你之前不是管 KR（关键成果）的吗？

赵鹏：如果你需要天天跟别人讲我是谁，那你是行业的启蒙者。如果你天天介绍我有什么优势，那你是行业的竞争者。如果人家已经充分体验你的产品到了一定程度，你就不用费这个劲了。

所以这个是我不喜欢干的，其实我挺喜欢自己待着的。你让我自己待着，我待个两三天完全待得住，我不需要找谁说话，我就自己待着，翻两本书，挺好。但这个东西不是愿不愿意的问题，现在就成为习惯了。

雇主品牌和互联网营销

李翔：我查了一下你的百度百科，你的介绍是资深互联网营销专家、人力资源和雇主品牌专家、资深职业规划师，为什么是这样的标签？这是你技能点的外在表述吗？

赵鹏：我去谁家当CMO都合适，就是对所谓branding（品牌化）这一套东西理解还较深，online marketing（线上营销）理解也较深，拉新与存留的关系理解也较深。这是我实践中攒出来的。那些年闲的时候也出去给别人讲课。

然后人力资源和雇主品牌也是自己研究了多年的事。如果要言简意赅地论一下雇主品牌，我属于论得比较清楚的、排前几号的人。譬如我知道，三国前期曹操竖了杆旗叫唯才是举，是雇主品牌，而说招人德才兼备就跟没说一样。譬如说雇主品牌的建立以准为美，不以大为美，你是谁就是谁，说你有多么了不起反而害你。比如说雇主品牌的传播，以在职和离职员工及其家人朋友的口碑传播为主，离职员工对雇主品牌的传播"一夫当关，万夫莫开"，你发一万篇文章都不如这件事情管用。所以看准网衡量雇主品牌最重要的指标，是离职员工愿意推荐自己的亲友去该企业工作，这一个指标金球制胜。综上这句话，能够完整地、成体系讲完的，我真心数不出多少人，我在这上面下了 16 年工夫。所以什么是雇主品牌？它的本质其实是雇主关系这件事情的外化，从而雇主品牌建设一定是由内而外的，一定是从正心诚意开始的，它不是术，是道。我确实是专家，我抓住了这个事情的本质。

至于职业规划和职业成长这个事，前面我举了"程不为"的例子，我跟 Alvin 的这次合作是十分有趣的一件事情。其实很多年轻人都 deserve（值得）有这样的相遇和这样有趣的事情，很多厂长也要勇于去看人家的内心动机，看人家的 ability，看人家的本性，而不是天天揪着人家的工作经验，扯那两个 skill 的事。这才能让更多的人在人的发展这个命题上，拥抱更大的可能性。这个技能和这个本事我还可以。

李翔：对。

赵鹏：俗话说男怕入错行，入错行毁一生，是因为入错了又不敢勇敢地跳出，从而失去了自己或许能到达的高度、看世界的宽度，以及认识问题的深度。所谓职业成长，归根到底是人的成长。每一个人都要发展，每一个人都对别人的发展负有一定的责任——当然首先是对自己的发展负有根本的责任。综上我觉得，这几个领域我当仁不让。

人要有一技傍身。CEO 在家里面不是一个虚的存在，创业公司的 CEO 一定要扎扎实实带一件工作。我今天自己带着的是销售。当然其他工作人家也尊重我，有时候也来跟我合计合计。

李翔：你得意的互联网营销案例是什么？

赵鹏：世界杯。

李翔：当时你跟"红制作"的分工是什么？

赵鹏：我们的团队跟"红制作"的团队在这种事情上就是一个团队，分镜头脚本我们都是一块儿商量的，深更半夜突然电话就进来了，说我现在有一个灵感。所以我们 team（团队）和"红制作"的 team 一直就有一个工作群，不分彼此，没有什么甲方乙方。他们对我们这个事情的理解和我们的理解是一样的，我们对"红制作"这个团队的理解跟他们自己的理解也是一样的。所以这是一个运气，也是一个机缘。

"红制作"是今日资本的 Kathy 郑重推荐给我们的创业团队，田东升的指数资本是高榕郑重推荐给我们的创业团队。我们跟他们都一直走了好多年。

李翔：是他们推荐几个，然后你选中了，还是说……

赵鹏：就是推荐了这个人。人家不是说你一定要怎么样，就是推荐你认识一下，这帮人厉害。然后认识了一下，果然厉害，然后就一块儿成长，你也更厉害，我也更厉害，也是正反馈。

李翔：这还挺难得的，一般如果自诩为这个行业的高手或者专家的话，其实是很容易看不上其他机构的。

赵鹏：这个话说反了。你自诩为一个高手的话，就能在万人中发现那个高手，然后心里就会敬佩他。稍微交交手，互相就能产生一种尊重感。内心把人家当乙方，是一个十分错误的想法。选他以前把他当乙方，好像你还能摆摆架子，大家都已经一起合作了，人家真的是乙方吗？你不知道你多重要的事情在人家手里吗？何其不自信的人，才会整天摆甲方心态来满足自己。我们很自信，不需要摆甲方心态。所以跟老田也好，跟"红制作"的华老、BO哥（"红制作"的两位创始人）也好，大家就是互相珍惜，互相尊重，谁也不忽悠谁，拿心相处，一起去解决问题。你越这样尊重别人，人家也越这样尊重你。

李翔：你觉得要做一个像世界杯那样成功的、能让用户翻番的营销，需要什么样的要素和条件呢？

赵鹏：你的用户存留好吗？用户口碑传播好吗？你到底是要拉一拨新用户，还是要给你已经运转好的雪球增加滚动的半径？先回答好这些问题。回答好之后，再看你能花足够多的钱买到足够便宜的眼球吗？那个地方在哪儿？然后再看你摆在用户面前那个东西，人家愿意看一眼吗？你传递的信息人家记得住吗？你在单位时间内给某一位同学的展示，有足够的频次吗？因为记忆在于重复。

综上就是一次营销。四步，你的底子是你的用户存留和口碑传播，没有这个底子，千万不要去拉新，白花钱。有了这个底子，你要找到时机，用足够的钱，买到足够多且足够便宜的量。第三是你物料的记忆度和信息传播的清晰度要够。第四，整个过程中，在单位时间内揪住某位同学的频次要足够，否则就是水过地皮湿。所以我还是有点像营销专家的啊。

李翔： 你觉得除了你们之外，还有哪个公司对这个事情理解得比较深刻？

赵鹏： 张建国，中华英才网前任 CEO。Kathy 是他以前公司的董事长和投资人。建国总在这个事情上理解极为深刻。那几年中华英才网非常 shining（亮眼），尤其在营销上。

当然了，其实最好的我觉得是 Apple。苹果手机对我们进行过饱和攻击吗？苹果手机投过世界杯吗？人家是产品放在这儿了。

李翔： 确实是，好产品自带风水。

赵鹏： 所以其实整了半天，底子是好产品，好产品直指人心。你解决人家问题了没有，这是结果，你解决的过程中人家舒不舒服，这是感受，结果加感受构成了 NPS。所以我觉得，做产品，想着苹果就好了，人家都不需要解释，就是桃李不言下自成蹊，腹有诗书气自华。我们的产品力和服务力，远远没有到能够下自成蹊的地步，所以有一大堆事情要做。

雇主品牌和人性化管理

李翔：你们自己的雇主品牌你满意吗？

赵鹏：不是很满意，我们离职的员工对公司的评价也是毁誉参半。有人真的愿意二次入职，并推荐亲友来上班，也有人确实不愿意。这件事情我觉得我们做得还不够细致。我就很崇尚这个指标。

其中有一个战术性的问题，离职的时候与其说见员工人品，还不如说见公司司品。人家要离职，不管主动被动，公司一定要厚道，一定要细致，除非人家真是踩了你的红线。

时隔半年还愿意推荐朋友来你公司上班，一定不是离职那一瞬间你做得好，而是在职期间方方面面他感受好、认可公司。这件事情上，我们从几百人到几千人是两三年时间，成长得有点快，快了以后⋯

李翔：你对它有点不满意，是因为它不是你这个阶段的优先级，还是说就因为成长速度过快？

赵鹏：是优先级，但是你要给组织时间。我觉得一个创始人兼 CEO 存在感太强的话，这个组织很快就被锁死了。我特别相信 timing 这个东西，该等待时机的等待时机。我很少强力去弄一个什么东西，一定要怎么怎么样。譬如我们某年决定给 10 万以下年薪的同事全员发房补的事，理论上是对的，但也不是随时、所有人都觉得你应该这么做。找到一个合理的时机才可以推进。毕竟这是一大笔钱啊。

李翔： 说到这儿我有点儿好奇，你觉得你们的同事，如果在外面讲，比如公司对我们很好，他会讲什么？讲哪个点？是讲发房补吗？

赵鹏： 我们公司做事情相对比较自在。我觉得物质上的事差不多的时候，更多人应该是想实现更多的自由意志。所以，基于人性的企业管理，最宝贵的是让更多人有探索和实现自由意志的机会，而不是说围着贪嗔痴慢疑搞什么个性化管理，我做不到。人性是懒的，所以发明一个非常懒的懒人工作法，我做不到。

但是我认为，自由意志得以实现，是一种高层次的人性化管理。什么错能犯，什么错不能犯，咱说清楚，规则要少，要简单，要一目了然，剩下的都可以干。你有一个主张，想办法实现，这个机会还是较大的。

李翔： 像这种东西，它有那种很明显的、外化的表达吗？

赵鹏：我们企业文化里面有一个比较有价值的东西，就是老老实实，扎扎实实。所以员工在外面说公司，他说得再好，我也不会觉得好到哪里去，他说得再差，也一定有他的理由。反正我们一点一点弄好就是了。

至于说对员工的照顾，你有这个实力，那你照顾到他到什么分上都不过分。我们 3500 人，我要有实力，给每个人在北京买套房，但我没有这个实力，我也不说这个话。所以企业治理啊，法无定法，老老实实就好了。

基于一万小时定律去规划职业

李翔：站在一个资深职业规划师的角度来看，你觉得自己的职业经历是一个很好的职业路径吗？

赵鹏：我可以早一点从体制里出来，早个三四年，可能是一个更好的安排。但是也没有啥可后悔的，因为当时下不了决心嘛，光下这个决心、琢磨这个事也琢磨了两三年。

所以其实那些年没有啥明确的职业规划。但职业规划的本质就是一个人要发展，就跟我 2016 年 3 月的全员信写的那样，要活得更大，活得更高，换句话说，要看更大范围的世界，要站在更高的楼上看世界，要看到更本质的世界。人活一辈子，能把这几个事越弄越明白，岂不美哉？

李翔：如果你一个亲戚的小孩刚刚大学毕业，你会给他什么职业规划的建议吗？

赵鹏：这个要因材施教，要看他是哪块材料。我对所有大学刚毕业的小孩的第一个建议是，你千万找一个你喜欢的事，而且要喜欢的是这个事的 daily（日常），而不是这个事的结果。

比如有人说把你弄到一个岛上，关你 30 年，最后给你 1 亿美金。你倒愿意挣这 1 亿美金，可是关你这 30 年的 daily 你真的要吗？这是第一个建议。然后你得花四五个月，仔仔细细聊，找一个你愿意跟他干四年的直接老板。

李翔：第一份工作就要四年？

赵鹏：对。所以以上两个条件如果能满足，你这个小孩肯定走对了。为什么要找一个喜欢的？我觉得四五十岁的中年人是责任驱动，那我可以咬住牙，遇上挫折、困难、不解时，因为责任、担当、自我约束，就跨得过去这个坎儿。但小朋友天真烂漫，不能要求这么强的责任和担当，当他遇到坎儿，遇到困难、不解，遇到成就感或正反馈不足的情况时，真正能持久支撑他的，就是兴趣的驱动，而且一定是 daily 的兴趣驱动。

所以两个事情的本质，不管是跟一个老板四年，还是兴趣驱动，都是能稳在一个事情上足够久，从而验证一万小时定律。在一件事情上花一万小时，就可以让一个小孩有一技傍身，至少在一个问题上有点真知灼见。而不是说这儿弄了半年，那儿弄了四个月，说啥都知道，干啥啥不行，这是对人的极大不负责，也是对人的最大浪费。

所以我对小孩的建议很清楚，原点是一万小时定律，为了实现这个定律，要兴趣驱动，兴趣要在 daily，不在结果，然后这个老板、师傅要带你，所以要花足够的时间，找一个你愿意跟他四年的人。如果在本科毕业四年之后，26岁，你能实现一万小时定律，你放心，去哪儿都有人抢着要你。

李翔：那大厂、小厂这些反而不重要了吗？

赵鹏：当人们谈大厂的时候其实谈的是三句话。第一是有足够的钱发工资。关于这句话，我想反问，你现在是职业收获期还是职业成长期？在职业成长期，不要太去看大厂的所谓高工资。第二是面子，我在哪儿哪儿工作。那我要问，这个面子对于一个年轻人来说有这么重要吗？你现在要面子还是要里子？第三是培训成长体系，这点我们要给大厂以严重肯定。但是同理，这个人原来是一个阿里P8，现在在一个创业公司当技术总监，能亲自带你。你到大厂去，有相当于阿里P8的人带你吗？所以你与其承认一个培训成长体系，不如承认跟对了师傅对你一辈子的影响。

最后还有一点，其实是最容易被击破的，叫安全感。在大厂工作真的安全吗？什么叫安全？真正的安全感不是你去了一个水波不兴的水域游泳，而是你游泳的技能可以应对各种水域。大厂创新业务线的人噼里啪啦地掉落，这个事罕见吗？有经验的招聘者看大厂员工，一定会看他原来在哪儿。

所以，当我们谈到大厂的时候，是在谈收入，谈面子，谈培训，谈安全感，这些创业公司样样都可以谈，而且可能谈得更好。所以我不觉得年轻人一定要去选所谓大厂。

公务员经历

李翔：你有那么久的公务员经历，是不是意味着你现在做企业，能够很顺畅地理解政府的逻辑？

赵鹏：还是有一点帮助的。就是你不要觉得人家一天天就是为了管你，在他的世界中，他对这个事情有他的理解，他的政策是有来源的。政策到了你那儿叫一次执行，你要有你的个性化，但你要先理解为什么政策长这样。因为我在中央机关工作过十多年，所以对这个事情还是有粗浅的理解的。

李翔：包括我们之前聊，你跟我讲，公务员和创业者，大家看世界的角度是不一样的，是吧？你作为一个处长看待这个世界，跟作为一个 CEO 看世界，有什么不一样吗？

赵鹏：CEO 的世界更具体、更小一些。

比如说 1995 年、1996 年，我当公务员的时候，我们从各大城市招一拨志愿者，大专以上学历，到山西静乐、广西百色，提供一年志愿服务。这个人每个月的生活津贴，我们叫志愿者补贴，是 350 元一个月，一年给报销一个硬座的往返，超过若干公里报个硬卧的往返。这就是一个政策。

一个政策一定不可能让所有人都满意，它一定是一个概率、一把尺子。所以要忍一个东西，叫一人难满众人意，这是所有政策都要忍的东西。譬如 H 同学在深圳辞去一个大公司的职位，原来一个月是数千元的收入，补贴 350 元，人家可能会认为，还不如不补呢。另外一个 Z 同学是乡村教师，原本挣得就很少，就会觉得，志愿者还给这么多钱。

但我们是讨论半天才定了 350 元，还要考量当地公办教师和民办教师的月均收入是多少，如果超过这个数太多则不妥，当地教师会不爽；如果过低，那志愿者在当地就无法生活。因为毕竟当地人以在家做饭为主，而志愿者不具备这个条件。后来去了广西百色发现，最贵的东西有两种，让北方的志愿者十分不解。第一种是卫生纸，一卷纸真的好贵；第二种贵得出奇的东西竟然是鸡蛋。北方的志愿者就觉得，大哥，您这点补贴，我真的是买完鸡蛋，买完卫生纸，基本就挂了，洗澡都洗不起。但是你不能乱调这 350 元，只能一个数，这是我们当时的政策，已经充分研判考虑过了，没有个性化。

回到我们厂，虽然有一个尺度，但我们家的 T5，可能具体到手的工资都不完全一样。你能说 T5 一个月就 3 万 5，谁也别跟我聊吗？你企业这么干，就别招人了。

所以制定政策的艰巨性、复杂性和兼容性，和企业解决具体问题相比，两个世界。

李翔：为什么会有这种差异，就是因为规模的问题吗？

赵鹏：我觉得是你的决策需要参考的维度问题，以及你的决策一旦有问题，它产生的影响问题。我一个 T5 工资没发对，明天就可以改啊。但你一个税种没弄准，明天改一个看看？这有利于我们从企业角度去理解那些政策为什么长这个样子，而不是动辄我个性化认为。

李翔：在那段十几年的经历里面，你获得的哪些技能和认知，在今天是可以复用的？

赵鹏：我写字比较简单，写邮件一二三四五，大白话，这是我那些年训练出来的。我原来写字是四六句骈文都能写，但基本上不是为了让人家读明白。（笑）

公文的遣词达意，不能以文害意，文宜简不宜繁，宜用浅显字不宜用典，能直接说就别绕着说，能顺着说就别排着说，这是有训练的。写字写清楚，是有训练的，除了语文课上训练以外，就是靠工作训练。谁家大学还认认真真给你做汉语听说读写的训练啊？所以经常有人写一个邮件你就疯了，你不知道他在说什么。

李翔：所以是写公开信和内部信的一把好手。

赵鹏：那时候老板跟我们讲，你进来写两年东西，最高评价叫你的文字有改的基础了。当时很不高兴，我也是文科生，高考也很厉害，怎么叫有改的基础了？10 年之后的最高评价，叫这个人的文字干净。我写了 10 年字，得了"干净"二字。

给领导做文稿服务，好的文章写完之后，脱了稿能讲，不是背出来的，是因为这个东西很顺，讲道理讲的是顺的道理，说知识说的是浅的知识。与其说是文字训练，不如说是思维训练、逻辑训练。

这是一个训练。再有一个就是讲同理心。企业里有时候一个人权力大点，膨胀了，动不动就说"you are fired（你被开除了）"。说实话，机关里面听上去是官大一级压死人，但没听说过处长将科长开除的。你见过古今中外哪个衙门一个六品对七品说"you are fired"？那他得犯多大罪啊？所以很多时候，与其说是官大一级压死人，不如说大家是商量着工作，尤其在中央机关。我一个处里 5 个人，开除谁啊？人家真不高兴我了，我是真没脾气。所以你要有强大的同理心，你要强烈地理解这个人，然后跟他和谐工作。你得把处里四五个人真的团结好，大伙一块儿做事情才好。

这种同理心，我认为是一个 leader 特别重要的东西。现在有的年轻管理者，认为他是因权力而实施管理，这是一个很大的误解。你奖励一个人还是处罚一个人，归根到底是因为规则。你是一个规则的看守者和执行者，而不是一个可以随意运用规则去打击谁的人。

当年有这么一个说法，一个处长能把一个处领导好，大伙儿能够一块儿建功立业做事情，团结和谐不出矛盾，靠什么？老板跟我说，靠领导力啊，你作为处长的领导力。很简单，一看水平，你有水平吗？你研究一个问题四六不着调，人家怎么服你？二看感情，你对人家有感情吗？操心了吗？人家对你有感情吗？在意你的感受吗？所以你们当处长，一看水平，二看感情，没了。他怎么不说你有权力呢？机关里面其实没有绝对权力，谁干活也是这样，就是靠同理心团结大伙儿。

另外搞了好多年志愿者项目，钱得自己去化缘，规则得自己编，志愿者自己面试，去人家那个地方做项目，得跟当地政府谈清楚。整个这个过程就是一个项目制的过程。跟后来我们组织一个项目，搞个 marketing，弄个推广什么的，极其相似。志愿者协会项目发展部部长我干过一任，其实就不太像机关，有点像 NGO（非政府组织）。我 26 岁、27 岁，就带着二三十个志愿者干这个事。所以那些年还是收获颇丰。

李翔：这个志愿者项目是你那时候比较得意的一个事情吗？

赵鹏：是我这辈子绝不后悔的几件事之一吧。

李翔：那时候是主动做这个事情，还是被安排的？

赵鹏：1994 年冬天，《新闻联播》中有一个报道，叫希望学校，娃娃代教，空壳学校。报道如下，在一些极贫困地区，山里面，有美轮美奂的希望学校，其建筑之优美、之坚固，比乡政府搞得还好。可是开学了，五年级的带三年级，叫娃娃代教，老师跑了，叫空壳学校。就说这个问题咋办。当时大家就研讨，各地还是会集资建学，但是教师问题怎么解决，出现了两个思路。第一个思路，鼓励一帮大专以上的人，扎根贫困地区当教师，第二个思路是，能不能通过志愿者来解决这个问题。我们倾向于第二种。要是有人愿意去干一年，当一年语文老师，然后该干吗干吗，接着又有人愿意去干一年，不就接上了吗？这样做的坏处是孩子老换老师，但至少比没有强。这就是这个项目的来源，叫志愿者扶贫接力计划。我从开始讨论这个项目，到执行，到推广，一直在这个事情上。

李翔：就是从一开始就在这个项目里面。

赵鹏：我是接力那一派的，我说我觉得有人愿意干。后来就去游说中青报，说给弄半版广告，招募志愿者。说了一通，登了半版广告，收到 6000 封信表示愿意。6000 个人一个一个打电话，经过一拨一拨筛选，最后组织几十个人回来，当场面试，当场训练，最后选了二十几个人。与此同时跟山西静乐县谈好。为什么选静乐？五四运动火烧赵家楼，当时翻墙而入打开门让学生冲进去，把签卖国条约的揪住揍了一顿的，叫高君宇，是北大地理系的。后来他还做过孙中山的秘书，但是 29 岁就得肺病死了。他是山西静乐人，为了致敬他，而且当地也极度贫困、落后，所以选了那个县。二十几个志愿者送过去，这一年就经常跟他们混。后来这个事情越做越大，从几十人、几百人，拓展到一年有几万人可以去西部，到今天还轰轰烈烈地在搞，叫大学生西部支教计划。

这是我这辈子干过的事里，最不后悔的几件事之一。

李翔：你离开之后还有继续关心这个项目吗？

赵鹏：我们那拨人就没有散过，一直都有联系。有一位我还请到了我们公司。

下海到互联网公司

李翔： 你当时离开体制的诱因是什么？职业选择路径有主动规划的成分吗？

赵鹏： 我当副处长、处长，都当得挺快的，29 岁就当处长了，但好多年都没有提拔。其实是我自己年轻时候做官的心比较热，反正大家都在竞争，较短时间、较年轻，坐较高岗位，努力工作、认真做事，就是这一套。到后来三十几岁，尤其是处长都干了 5 年的时候，做官的心真的不热了。然后又遇到一个实际问题，当时收入比较低，养家压力大。所以大概在 2004 年，我就下决心说想去企业了。

我们当年叫转业，领导也给推荐了好几个单位。我自己的执念是我要去互联网。当时我逢领导就说，中国互联网发展方兴未艾，今天想起来多狂妄啊，那时候能用"方兴未艾"？应该用"尚未开始"来形容好不好。当然 16 年过去了，我确确实实在互联网领域解决了一些问题，搞了点创新。当时就想去互联网。这算我性格的一个特点吧。有领导推荐央企，但既然去企业工作，我想就干脆一点，就去市场经济的企业工作，同时要去一个有趋势的地方。毕竟年龄放在那儿了，三十五六岁，要赶一波早一点的趋势。2004年下决心去互联网公司工作，找了6个月，最后选择去一个互联网创业公司。这就是那个变化的由来。

李翔：那时候还不流行自己出来创业吧？

赵鹏：也有人创业，但从机关里跑出来创业，干一个互联网公司，是没有的。当时你让我自己出来创业我也不敢，我也不知道什么是创业。

李翔：如果今天回头看的话，你会觉得你在智联招聘的时候，有哪些事情是本来可以做得更好的？

赵鹏：我已经尽力了。回想起来，我没有什么能做得更好的事。在当时的技术、产品、运营条件下，让企业实现扭亏为盈，能活下去就是最大的事情。

李翔：如果你仍然在一个成熟的招聘公司，能够做出类似于今天BOSS直聘这样的创新吗？

赵鹏：我做不出来。

李翔：所以它是跟人没关系的？

赵鹏：跟人没关系，即便在2018年3月，我自己也不敢说这个模式就是成立的，我只能说我在努力探索。一个成熟领域的大公司有自己的运营体系和运营路径，它为什么应该放下一切，去尝试一个未经验证的模式，把它作为自己的未来呢？我自己也不会做这个选择。当然今天大家都会往同一个方向努力。这个要理解别人。CEO难当啊。

李翔：你会担心你们现在这家公司变成这样子吗，在面对一个新的变化和潮流的时候，会有所忌惮？

赵鹏：我们家有一句黑话，把担当比较重要的责任的人，叫作"天花板组"。要时时刻刻知道你其实是这件事的天花板。你想锁死这个公司的进步吗？你如何才能不锁死这个公司的进步？而我本人是天花板中的天花板，我想锁死这个企业的进步吗？如果哪天我发现，我的存在已经变成这个企业进步的障碍了，我就要高唱一句：老而不去者，为之贼也。我就应该离开岗位。倘若我仍然能贡献价值，能守护这个组织的成长，我就应该拼命地干工作。

所以一个企业有一拨人，不管是因为来得早，不管是因为管的人多，不管是因为岗位重要，一定要有自知之明，天花板组就是你们，要互相看着点，到某一日真的成了天花板的时候，一定要欣然高喊一句"老而不去者，为之贼也"，然后欣然离开岗位，不要叽叽歪歪。

李翔：你觉得在智联的五年里面，你的收获是什么？相当于完成了一个职业训练，是吗？

赵鹏：我管过销售部好多年，管过市场公关部好多年，而且这个管是自己要带着干。然后智联招聘的产品部是我建的，以前没有，我从和讯挖了一个哥们儿，第一次有了产品部。智联招聘第一个 Business Intelligence 部门，也就是商业智能部门，也是我建的，我挖了一个百度战投部北京的哥们儿老唐。

我自己从公关部经理成长为一名 CEO 的过程，让我能够比较清楚各层级上的人在想什么，而不是说我突然间摇身一变，成了一个高管，那我真的不能切身地知道公关部某经理在想什么，某员工在想什么，北京分公司某销售在想什么，某 leader 在追求什么，某总监最怕什么。如果不了解这些东西的话，出来就当 CEO，恐怕要踩很大的雷。这是最大的收获，是一个台阶、一个台阶，从山底下走十八盘走上来的，做事情、处人，我都比较用心，所以印象也比较深刻。

现在我们从 3 个人发展到了 3000 人，7 年时间涨了 1000倍。你得知道这个人在这个岗位上此时此刻想要什么，不想要什么，怕什么，担心什么。没有这个经历，你搞什么啊？所以我算是扎扎实实从基层搞起来的。

李翔：你当时对这个行业的理解，跟你今天对这个行业的理解相比，有什么大的不同？

赵鹏：当时我被用户各种骂。

李翔：你们当时也讲用户吗？

赵鹏：我们是讲客户和求职者这两个词，客户就是给钱的，求职者就是求职者。当时被骂得反正也是很痛。我在市场部的时候就被销售部骂。销售部卖套餐，卖给一个小公司，收人家一年两千多元。人家主要是骂，简历呢？没有简历！没有简历，骂市场部很正常。骂的时间长了才知道，是因为这个小公司没人投简历。

到后来管产品部的时候就设法优化搜索引擎，设法天天算账，不要让一部分公司拿到的投递太多，把前 3 页简历投满了，后 50 页没人投的问题解决好。这是当时一直面临的问题。

大客户当然也骂你。我当时请我的一个客户，百度的一个 HR 经理，来给我们的 KA 团队做了一次分享，说 HR 是个孙猴子，头上有五座大山，你们别把我当钱包，要把我当五座大山底下的孙猴子。五座大山都是啥？第一业务部门骂我；第二求职者骂我，体面的公司没有给求职者一个体面的答复，简历都投了，为什么不要我；第三上级骂我，预算倒是花了，人呢；第四可能 CEO 间接也在骂我，说你们这个部门招人，做人才建设，建设什么了；第五你们这帮人也骂我，甲方，耍大牌，还不爱出钱。

这是 14 年前的一次分享，我一直记到今天。这个哥们儿我一直也还有点联系，他在真正意义上代表了一个当时行业顶级的客户，但其实他很苦。所以对这个行业的认识大概就是从这儿来的。

当然前面也跟你说了，我在我办公室墙上贴了一张黄牌①。这个行业从 1997 年到现在，数十万乃至于上百万从业者，就没有站着挣过钱。所以我们商业化团队 5 个人在那里喝多了，拍了一张自拍，叫站着挣钱五人组。这也是我对全厂销售人员的承诺，甚至是对这个行业所有从业者的承诺。我创造了价值，你打赏我点钱，天经地义，我怎么就是丙方呢？所以坚决不走老路也是由这儿来的，还从业者以尊严也是从这儿来的。

李翔：当年太痛了。

赵鹏：左冲右突而没有出路，谁没有自尊心啊？

李翔：但你创业还是愿意回到这个行业，虽然很痛。

赵鹏：我有一个同年级的无线电系的同学，是谷歌骨灰级的安卓工程师。他跟我说，老谷歌人真心诚意信奉的是依靠技术的力量去解决简单的复杂问题。所谓简单一定是众人皆知，不需要广播也知道它是无数人的问题；所谓复杂就是用传统方法根本解决不好的问题。然后用技术的力量去解决，这是一种信仰。我们其实是这样的。

李翔：一个文科生建立起对技术的信仰。

赵鹏：没错，文科生可能信仰起来更虔诚。我们价值观这

---

① 指前面提到的去拜访客户被痛骂，因此把对方名牌贴在办公室墙上以警醒自己。

16 个字好多年了——崇尚技术，用户第一，自我驱动，简简单单。不改了，就这样了。

今天人们在求职招聘中遇到很多问题，比如无穷多的职位没有人了解，一个人说不清楚自己要干什么这种选择的困惑，包括全世界可能没有一个自然人能说清楚到底有多少种职类、多少种行业。

很多人因此就迷路了，大学一毕业，糊里糊涂进了一个什么厂，一个什么行，一晃三十几岁。然后领导说，哥们儿，差不多了，你可以闪了。

人类社会这种高度的城市化、现代化、分工化的发展，本身是一种进步，而所有的进步都会带来问题，对职业的困惑就是其中的一种。

这个问题怎么解决？是进步的产物，那就靠进步去解决。靠人类驾驭巨大的算力，去帮助解决。如果没有计算机技术的发展，这个问题就只是一个问题。

李翔：如果你现在不是这家公司的创始人和 CEO，让你挑一家公司做 CEO，你会挑哪个？

赵鹏：一个都不挑。不换，坚决不换。这是我的信仰。我想过这个问题，真想过这个问题。我没发现还有什么比这个更重要，最重要的事就是这件事。这是在我的信仰层面的。我是给自己打了思想钢印的，我是钢印族。

埃隆·马斯克和科技公司的不能常青

李翔：你会对谁比较好奇吗？在创业的人中，他做的公司、做的事情、他的思考方式？

赵鹏：埃隆·马斯克。特别好奇，所以多方查询资料，打听人家的时间分配，就觉得很有收获。他先学了物理，后来学一个商科，一门心思研究 first principle（第一性原理），启发我们，让在我们这个领域开启了一个 elements（元素）层面的思考。包括用人、识人、断人，主张应该看成长，要小心 experience 这张纸带来的影响，更多应看到一个人内心生长的力量。包括今天我还在微信朋友圈转了他的诉苦，说创业就像是嚼着玻璃凝视深渊。好文艺啊。一个学物理的人这么文艺。我对他特别好奇，也很钦佩他。

李翔：你在 2016 年说愿意把钱全捐给他。

赵鹏：等我有钱了，会捐一点点，不是全部。我也会有值得花钱的地方。就算公司 IPO（首次公开募股）了，你见过几个创始人减持的呢？

要么我发现自己是天花板，我看守带来的价值已经小于带来的损害，那我应该高喊一句，老而不去者，为之贼也，欣然闪了。那样的话，我减个持啥的也有道理。

要么我不是天花板，我看守有价值，可以以日益合理的模式与这个组织共同运作。我可能是那个后来要看夕阳的人。

李翔： 看夕阳？

赵鹏： 对啊，你想一个科技公司，从哪个角度来讲都没有常青一说吧？常青的概率是不是太低了？所以护城河也好，壁垒也好，我左右听上去就是怎样能阻止这个行业的进步。护城河护谁？壁垒挡谁？凡是巨无霸挡的都是创新、创业的人。

李翔： 这其实跟过去几十年大家对公司存在的目的的理解有关。如果你认为它要为股东创造价值、创造利益的话，当然就要挡。

赵鹏： 我为用户创造价值。铁打的用户，流水的股东。用户永远在，只要你为世界、为用户创造了价值。股东来是为了走，10块钱来的，1000块钱走，很开心。人家不走，是走得不划算，又对你有信心，这个钱放在别人那儿还不如放在你这儿；人家要走，是人家的自由。

所以如果我去看这个问题的话，我觉得企业这种组织，尊重人性的某些特点，实行多劳多得的利益分配机制，并能够凭借某种文化和规则，使人们实现自己的意志自由和个人发展，从而可以组织一群人共同去办一件大事。那它就一定有它的兴起、旺盛和衰落。哪有 50 年长盛不衰的科技公司啊？我们又不是一个资源型的企业。

我不觉得一个科技公司要建立 50 年长盛不衰的理想，这可能恰恰是屠龙少年最后长了一身鳞甲的表现。我不喜欢壁垒这种词，我们今天的心态就是一个创业者，己所不欲，勿施于人，弄那么多壁垒干什么？如果一个企业存在的最大价值，是让它的十几万人比中国的十几亿人都活得好，那这种价值是这个世界所不支持的。如果这个世界的运作就是为了支持这种事情的存在，那还是跟埃隆·马斯克去火星吧。

扫描二维码　订阅《详谈》套装

可享电子书／直播等多项用户专属权益

图书在版编目（CIP）数据

赵鹏 / 李翔著 . -- 北京：新星出版社，2021.7

（详谈）

ISBN 978-7-5133-4570-5

Ⅰ．①赵… Ⅱ．①李… Ⅲ．①赵鹏-访问记 Ⅳ．

① K825.38

中国版本图书馆 CIP 数据核字（2021）第 123074 号

赵鹏

李翔　著

责任编辑：白华昭

策划编辑：张慧哲　师丽媛

营销编辑：吴雨靖　wuyujing@luojilab.com

封面设计：李　岩　柏拉图

插　　画：贺大磊

版式设计：仙境设计

出版发行：新星出版社

出 版 人：马汝军

社　　址：北京市西城区车公庄大街丙 3 号楼　100044

网　　址：www.newstarpress.com

电　　话：010-88310888

传　　真：010-65270449

读者服务：400-0526000　service@luojilab.com

邮购地址：北京市朝阳区华贸商务楼 20 号楼　100025

印　　刷：北京盛通印刷股份有限公司

开　　本：787mm×1092mm　1/32

印　　张：8.625

字　　数：164 千字

版　　次：2021 年 7 月第一版　2021 年 7 月第一次印刷

书　　号：ISBN 978-7-5133-4570-5

定　　价：45.00 元